"Analyse technique et chandeliers japonais pour les investisseurs à moyen et long terme en partant de zéro"

(C'est beaucoup plus facile que vous ne le pensez)

Gregorio Hernández Jiménez

Auteur : Gregorio Hernández Jiménez

Ce livre est enregistré dans le registre de la propriété intellectuelle.

Première édition : 2023

 Gregorio Hernández Jiménez. 2023

Tous droits réservés. La reproduction totale ou partielle par quelque moyen que ce soit, y compris les blogs et les sites web, ainsi que toute forme de copie, d'enregistrement ou de transmission sur Internet est interdite sans l'autorisation écrite préalable de Gregorio Hernández Jiménez.

ISBN: 9798868355943

Remerciements

À mon père, pour m'avoir appris à additionner, soustraire, multiplier et diviser avec les cotisations et les dividendes.

À ma mère et à mes deux frères, pour leur soutien de tous les instants.

À mon oncle Juan, auteur du dessin de couverture.

À tous les membres du forum et aux visiteurs d'Invertirenbolsa.info, car sans eux, ce livre n'existerait pas.

A propos de moi

Je suis un investisseur boursier à long terme autodidacte. Je suis la Bourse depuis aussi longtemps que je me souvienne grâce au fait que mon père m'a appris, quand j'étais très jeune, ce qu'étaient les actions, les dividendes, etc. Dès le premier instant, c'est quelque chose qui m'a beaucoup plu et je n'ai jamais cessé de le suivre et d'apprendre constamment de nouvelles choses sur le marché boursier.

Depuis 2013 et jusqu'à aujourd'hui, je suis l'un des auteurs les plus vendus sur Amazon Espagne. J'ai maintenant traduit mes livres en plusieurs langues, car ils sont parfaitement valables pour un public international étant donné que l'investissement boursier à long terme pour le rendement des dividendes fonctionne de la même manière partout dans le monde.

En 2007, j'ai créé le site Invertirenbolsa.info, qui est consacré à l'investissement boursier, principalement à long terme, ainsi qu'à la gestion de patrimoine, à l'éducation financière, etc. Dans la base de données de mon site web (https://invertirenbolsa.info/historique_dividendes), vous pouvez voir toutes les entreprises que je recommande pour un investissement à long terme. Vous pouvez également y trouver de nombreuses données sur ces sociétés (bénéfices par action, dividendes, etc.) et les prix auxquels je les achèterais à un moment donné. Et dans le Forum (https://foro.invertirenbolsa.info), vous pouvez poser toutes vos questions. Grâce à ce lien, vous pouvez trouver plus d'informations sur moi et mes apparitions dans les médias: https://invertirenbolsa.info/fr/qui-suis-je

Mon site web est traduit dans votre langue, vous y trouverez donc beaucoup d'informations: https://invertirenbolsa.info/fr

Vous pouvez me suivre sur Youtube (https://www.youtube.com/GregorioHernándezJiménez), Instagram (https://www.instagram.com/goyohj) et Facebook (https://www.facebook.com/goyohj).

Ma chaîne Youtube est également traduite dans votre langue. Mon compte Instagram est en espagnol, anglais, français et allemand.

Je pense qu'il existe de nombreuses façons valables d'investir en Bourse, mais à mon avis, la grande majorité des gens obtiendront les meilleurs résultats, tant en termes de rentabilité que de sécurité, en investissant à long terme dans des entreprises solides, en recherchant le rendement des dividendes. Et ce, pour que les revenus que chacun tire de son patrimoine augmentent jusqu'à ce que, au fil du temps, chacun puisse en vivre au moment de la retraite, un moment qui arrivera plus tôt pour certains et plus tard pour d'autres.

Je pense que pour qu'une personne soit libre et indépendante, elle doit savoir comment gérer son argent afin d'atteindre l'indépendance financière à un moment donné de sa vie.

Sur Amazon et Invertirenbolsa.info, vous trouverez les autres livres que j'ai déjà publiés et les nouveaux livres que je publierai à l'avenir.

Si vous aimez ce livre, je vous serais très reconnaissant de laisser un avis sur Amazon pour que les futurs acheteurs puissent le consulter.

Si vous souhaitez recevoir un message lorsque je publie un nouveau livre, il vous suffit de me suivre sur mon profil Amazon.

Index

A propos de moi..4

Chapitre 1 : Qu'est-ce que l'analyse technique, l'analyse graphique et les chandeliers et sur quoi se basent-ils ?................11

   1.1 Premier coup d'œil rapide..11

   1.2 Qu'est-ce que l'analyse graphique et sur quoi se base-t-elle ? 15

   1.3 Qu'est-ce que l'analyse technique et sur quoi est-ce qu'elle se base?...24

   1.4 Que sont les chandeliers japonais et sur quoi se basent-ils ? 27

   1.5 Comment créer des diagrammes à barres et des diagrammes en chandelier ?...28

   1.6 L'importance du volume dans l'analyse technique et les chandeliers...35

   1.7 "L'union fait la force"..41

Chapitre 2 : Principales figures de l'analyse graphique............43

   2.1 Supports et résistances..43

      2.1.1 Que sont les supports et les résistances ?..................43

      2.1.2 Comment les Supports et les Résistances sont placés....52

      2.1.3 Comment savoir si le support ou la résistance actuels vont fonctionner ou non ?..55

      2.1.4 Le temps réduit la résistance des Supports et des Résistances, parfois...60

      2.1.5 Les supports deviennent des résistances une fois brisés, et vice versa..67

    2.1.6 Pullbacks..70

2.2 Tendances..71

    2.2.1 Que sont les tendances ?..71

    2.2.2 Est-il judicieux d'acheter lorsque la tendance est à la baisse, ou de vendre lorsqu'elle est à la hausse ?......................77

    2.2.3 Quelle est la signification de la pente des tendances ?...80

    2.2.4 Pullbacks sur les lignes de tendance................................85

    2.2.5 Que sont les canaux de tendance ?..................................89

    2.2.6 Établir des débouchés avec les canaux de tendance........92

2.3 Figures graphiques..94

    2.3.1 Qu'est-ce que des figures graphiques ?............................94

    2.3.2 Figures de retournement et de continuation....................95

    2.3.3 Gaps..96

    2.3.3.1 Comment différencier les gaps terminaux et les gaps de continuation ?...107

    2.3.4 Épaule Tête Épaule..111

    2.3.5 Épaule-tête-épaule inversée (ETEi).................................116

    2.3.6 Rectangles..118

    2.3.7 Drapeaux, bannières et fanions..122

    2.3.8 Triangles..129

    2.3.9 Double et triple tops et bottoms.......................................136

    2.3.10 Retracements de Fibonacci...139

    2.3.11 Rounding bottoms et rounding tops..............................142

Chapitre 3 : Indicateurs techniques principaux..........................147

3.1 Que sont les indicateurs techniques et à quoi servent-ils ?.147

3.2 Que sont les moyennes mobiles et à quoi servent-elles ?....150

3.3 MACD et MACDH, et que sont les divergences et comment fonctionnent-elles ?..156

3.4 Stochastique et Williams %R...170

3.5 RSI..176

3.6 Accumulation / Distribution..181

3.7 Ligne avant/arrière...185

3.8 Comment tester de nouveaux indicateurs...............................187

Chapitre 4 : Principaux modèles de chandeliers japonais........189

4.1 Questions générales pour tous les modèles de chandeliers japonais..189

4.2 Le Marteau et le Pendu..190

4.3 Étoile filante et Marteau inversé..203

4.4 Pénétrante haussière...210

4.5 Nuage noir...212

4.6 Avalement haussier et baissier..215

4.7 Lignes de contre-attaque..219

4.8 Doji, que sont-ils et quelles sont leurs implications?...........223

4.9 L'Étoile du matin..232

4.10 Étoile du soir..238

4.11 Creux et sommets en tour..240

4.12 Trois Montagnes et Trois Rivières.......................................244

4.13 Harami..247

4.14 Trois corbeaux noirs...251

4.15 Trois soldats blancs..254

4.16 Fenêtres...256

4.17 Poêle à frire et Sommet lourdaud.............................257

4.18 Triple formation haussière et baissière......................259

Chapitre 5 : En les réunissant tous, comment prendre des décisions d'investissement avec ces outils?........................263

5.1 Comment lier l'analyse fondamentale à l'analyse technique?
....263

5.2 Le tableau mensuel..273

5.3 Le graphique hebdomadaire......................................277

5.4 Le graphique quotidien..280

Chapitre 6 : Questions générales sur l'analyse technique et les chandeliers..282

6.1 Ils pourraient être une "grande tromperie", mais ils ne sont pas moins utiles..282

6.2 Dois-je savoir comment prévoir chaque graphique que j'analyse ?..284

6.3 Faut-il utiliser des graphiques avec ou sans actualisation des dividendes ?...285

6.4 Que sont les graphiques logarithmiques, et quelle est leur utilité ?...287

6.5 Que sont la chute libre et l'ascension libre ?...............289

6.6 L'analyse technique fonctionne-t-elle pour n'importe quelle période de temps ?..292

6.7 L'analyse technique fonctionne-t-elle pour n'importe quelle entreprise, indice, matière première, etc..........................293

6.8 La fiabilité de chaque figure ou indicateur est-elle la même pour toutes les entreprises ou tous les actifs ?...........................293

6.9 L'analyse technique est-elle infaillible ?................................295

6.10 Est-ce une erreur d'ignorer les règles communément admises de l'analyse technique ?..296

6.11 Les dispositifs stop-loss ne sont-ils pas utilisés ?...............297

6.12 Faut-il acheter à des maximums historiques ?....................298

6.13 Comment pratiquer l'analyse technique et les chandeliers ?
....301

Annexe 1. Figures de l'analyse graphique....................................304

Annexe 2. Figures des chandeliers japonais................................309

Mes autres livres...315

Prochains livres recommandés...320

Chapitre 1 : Qu'est-ce que l'analyse technique, l'analyse graphique et les chandeliers et sur quoi se basent-ils ?

1.1 Premier coup d'œil rapide

Nous allons d'abord voir un tableau de chacun de ces trois outils, juste pour voir à quoi ils ressemblent et pour pouvoir mieux comprendre les explications qui suivront. Nous allons voir 5 versions différentes de la même carte Acerinox.

Il s'agit d'un tableau dans lequel seule une **analyse graphique** d'Acerinox a été réalisée :

Nous voyons qu'il y a des "rayures" peintes sur le graphique des prix. Ces "rayures" sont peintes par nous, la personne qui effectue l'analyse. Par conséquent, certaines personnes peuvent peindre certaines "rayures" et d'autres peuvent peindre d'autres "rayures" différentes, car, sur le même tableau, certains peuvent voir certaines choses et d'autres peuvent en voir d'autres.

Dans ce deuxième graphique, vous ne voyez qu'une **analyse technique** du même graphique Acerinox :

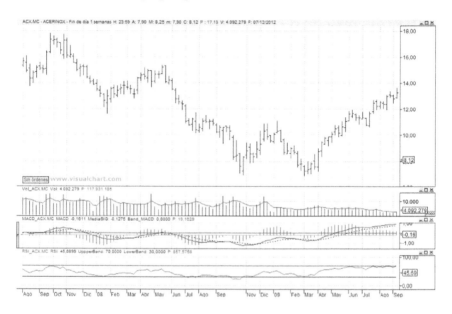

Sous le graphique des prix, vous verrez quelques lignes. Ces lignes sont des indicateurs techniques, et elles sont les mêmes pour tous. Il existe de nombreux indicateurs techniques, de sorte que certaines personnes peuvent choisir certains indicateurs et d'autres en choisir d'autres, mais tous ceux qui choisissent le même indicateur verront la même chose, car ces indicateurs sont dessinés par une série de calculs mathématiques, qui sont les mêmes pour tous.

Dans ce troisième graphique, vous pouvez voir les prix d'Acerinox représentés par des **chandeliers japonais** :

Comme on peut le constater, les barres sont plus larges que dans le cas de l'analyse graphique, et certaines barres sont blanches et d'autres noires.

Nous allons maintenant examiner un graphique sur lequel une **analyse graphique a été réalisée, ainsi qu**'une **analyse technique** :

Comme vous pouvez le voir, ce graphique est l'union des deux premiers graphiques présentés.

Et enfin, nous allons nous pencher sur les **trois outils combinés** : l'analyse graphique, l'analyse technique et les chandeliers :

Ce dernier graphique contient davantage d'informations, qui peuvent nous aider à prendre une meilleure décision d'achat ou de vente, comme nous le verrons tout au long de ce livre. Ce cinquième graphique est l'**union des trois premiers graphiques que nous avons vus**.

1.2 Qu'est-ce que l'analyse graphique et sur quoi se base-t-elle ?

L'analyse graphique est en fait une étude du comportement humain dans le passé, avec l'intention de faire des estimations de ce que ce comportement humain est susceptible d'être dans le futur, et d'en tirer **un rendement économique**. Un graphique représente l'offre et la demande d'un actif. Et l'offre et la demande sont également basées sur les fondamentaux de cet actif. Un graphique n'est pas seulement le comportement des personnes qui le regardent, mais aussi **celui d'absolument toutes les personnes qui ont investi dans cet actif par le passé, y compris les investisseurs qui ne regardent que les données fondamentales**.

Serait-il utile pour le futur acheteur d'un appartement de savoir à quels prix des appartements similaires au sien ont effectivement été vendus, et quand, au cours des 10, 20 ou 30 dernières années ? Évidemment, oui, ce serait très utile. Cet élément, impossible à connaître dans le cas des appartements, est à portée de main sur le marché boursier, avec les graphiques de prix.

L'analyse technique n'est pas une question de mathématiques difficiles à comprendre ou à prouver, mais une **question de logique et de bon sens**.

Nous savons que lorsque les gens se brûlent, en général, ils crient. Ainsi, si nous voyons une personne se brûler avec un fer à repasser en ce moment, nous savons qu'il y a une très forte probabilité qu'elle crie dans les secondes suivantes.

Nous savons également que lorsqu'une équipe nationale gagne la Coupe du monde, le niveau de joie des habitants de ce pays qui sont des fans de football augmente beaucoup, tandis que le niveau de joie des habitants du pays perdant qui sont des fans de football diminue beaucoup.

Imaginez que nous puissions investir dans le niveau de joie des supporters de football d'un pays.

Nous sommes le 11 juillet 2010. Il est 20 h 30 et la finale de la Coupe du monde 2010 en Afrique du Sud entre l'Espagne et les Pays-Bas vient de commencer.

Que faisons-nous ?

Achetons-nous la joie des supporters espagnols ou celle des Néerlandais ?

Si nous sommes prudents, il est préférable de ne pas faire l'un ou l'autre, car l'une ou l'autre équipe peut gagner, et si nous nous trompons, nous perdrons beaucoup d'argent. Donc, mieux vaut attendre et ne rien faire.

Les 90 minutes se sont soldées par un match nul 0-0. Devons-nous croire à la joie des Espagnols ou des Néerlandais ?

Nous ferions mieux d'attendre et de voir ce qui se passe dans le temps supplémentaire. Il est encore difficile de faire un choix clair entre les deux équipes, car le match est très serré, et choisir l'équipe gagnante à ce stade serait plus une question de chance que d'avoir fait une bonne analyse de la situation.

À la 117e minute du match, l'Espagne marque le premier but, prenant une avance de 1-0. Il ne reste que 3 minutes au match, sommes-nous sûrs que l'Espagne va gagner la Coupe du monde ?

Non, nous ne sommes pas sûrs, mais en utilisant les statistiques et le bon sens, nous voyons qu'il y a maintenant beaucoup plus de chances que l'Espagne remporte la Coupe du monde que depuis le début du match.

Il est donc maintenant raisonnable d'acheter la joie des supporters espagnols. Parce qu'en ce moment, 118 minutes après le début du match, une fois que le jeu a repris après le coup d'envoi néerlandais au milieu du terrain, les **Espagnols sont plus nerveux qu'heureux**. Ils veulent que le match se termine le plus vite possible, car chaque seconde leur semble être une heure. C'est pourquoi les chances sont maintenant de notre côté, car dans quelques minutes, leur niveau de joie pourrait être beaucoup plus élevé qu'il ne l'est maintenant.

Le match se termine et, effectivement, l'Espagne remporte la Coupe du monde 2010. La joie des supporters espagnols explose alors. L'Espagne vient de remporter sa première Coupe du monde. Qui l'aurait imaginé il y a quelques années, voire quelques jours ? La joie des supporters espagnols atteint des niveaux jamais vus dans le passé.

"Est-ce que nous achetons à présent plus de joie aux Espagnols? Parce que c'est quelque chose de difficile à décrire avec des mots". Il ne vaut mieux pas.

"Pourquoi, ils sont tellement heureux, comme ils ne l'ont jamais été auparavant ?" C'est **exactement pour ça**.

Ils sont si heureux qu'ils ne peuvent pas l'être beaucoup plus, il y a donc peu de chances que ce niveau de joie s'élève au-dessus du niveau actuel. **Le plus raisonnable à faire maintenant est de vendre la joie que nous avons achetée un peu avant la fin du match**, alors qu'ils étaient plus nerveux qu'heureux.

Nous vendons donc la joie des Espagnols, et nous en récoltons les fruits. **Des bénéfices que nous investissons dans l'achat de la joie des Néerlandais.**

"Acheter la joie des Néerlandais ? Mais beaucoup d'entre eux pleurent, et d'autres fixent le sol sans lever la tête. Je ne vois pas un seul d'entre eux qui ne soit pas triste". C'est **justement pour ça aussi**.

Quelles sont les chances que les fans Néerlandais restent dans cet état pour le reste de leur vie ? Très peu, voire pas du tout. Tôt ou tard, ils se remettent de leur mécontentement et commencent à retrouver leur joie. **C'est pourquoi c'est maintenant que nous courons le moins de risque d'acheter la joie des Néerlandais, même si à première vue il peut en être autrement.**

Ce qui est important dans tout cela, c'est que cette façon d'agir et d'essayer de prédire les changements dans les niveaux de joie des fans de football que nous venons de voir n'était pas seulement utile ce jour-là, mais le sera **pour toutes les finales de toutes les coupes du monde jouées à l'avenir**. Et pas seulement pour les finales des coupes du monde des équipes nationales, mais aussi pour toutes les compétitions entre clubs. Et pas seulement pour le football, mais aussi pour le basket, le handball, le water-polo, etc. Parce que dans tous ces cas, les réactions des fans sont assez similaires, et c'est **quelque chose que nous savons avant que ces réactions aient lieu**.

Toutes les personnes, ou presque, réagissent de manière très similaire à ces événements, et à de nombreux autres événements similaires, en Espagne, aux Pays-Bas et ailleurs dans le monde. C'est ce qu'on appelle un **modèle de comportement**. Et bien que l'avenir soit impossible à prédire, nous savons qu'en agissant comme nous venons de le voir, **les chances de réussir seront de notre côté**.

Dans toute activité humaine, il existe des modèles de comportement, car la nature humaine présente certaines caractéristiques et, lorsqu'ils sont confrontés aux mêmes stimuli ou situations, les gens ont tendance à réagir de manière similaire et relativement prévisible. C'est pourquoi il **est profitable d'étudier et de comprendre la nature humaine**, en Bourse, en marketing, dans les relations sociales, etc.

Pourquoi tout le monde sait-il qu'il y a des choses qui doivent ou ne doivent pas être dites devant certaines personnes (lors d'une réunion de famille, avec des amis, etc.) ? Parce que chacun connaît cet aspect de la nature humaine et sait que s'il ne veut pas se disputer avec certaines personnes, il ne doit pas dire certaines choses ou commencer à parler de certains sujets. Ou, vu dans l'autre sens, les personnes qui aiment argumenter savent ce qu'elles doivent dire dans une réunion afin de mettre certaines personnes en colère et de déclencher une dispute. Ces schémas comportementaux pour se disputer, ou ne pas se disputer, lors d'une réunion avec la famille ou les amis sont connus de tous, et sont très utiles. L'analyse technique est très similaire à cela, mais transposée au monde de la Bourse. Par conséquent, connaître les schémas du comportement humain face aux mouvements de prix est utile et donne de bons résultats. Tout comme la connaissance des modèles de comportement humain dans les relations sociales est utile dans les rencontres avec d'autres personnes.

Toutes les finales sportives ne sont pas exactement les mêmes, mais elles sont similaires.

Que se passe-t-il s'il y a des sanctions ? Lorsqu'une finale va aux tirs au but, nous savons que la tension est maintenue jusqu'au tout dernier moment. Et dans ce dernier moment, lorsque le dernier joueur rate ou prend la dernière pénalité, le niveau de joie des supporters de l'équipe gagnante monte en flèche en un instant. Si vite que nous n'aurions même pas le temps de donner notre ordre d'achat, car avant que nous puissions donner l'ordre et appuyer sur "entrée", les fans seraient déjà en train de sauter de joie et de s'embrasser. Ainsi, si nous devions passer l'ordre, nous achèterions très probablement aux sommets du niveau de joie, et nous finirions par perdre de l'argent.

Bien que cela ne semble pas être le cas, l'analyse graphique est également utile dans ces cas. Parce que dans de nombreux cas, ce qu'elle nous dit, c'est que nous allons courir un risque trop élevé pour le bénéfice que nous espérons réaliser, et qu'il est donc prudent de ne pas faire l'opération. **Et cela nous épargnera beaucoup de pertes au cours de notre vie.**

Il est très important de noter que nous n'avons pas cherché à savoir si l'équipe espagnole est meilleure que l'équipe néerlandaise ou non, ce qui équivaudrait à une analyse fondamentale dans le monde de la Bourse. Pour opérer dans cet exemple, ce que nous avons fait, c'est détecter un modèle ("la joie des supporters évolue d'une certaine manière lors des finales sportives"), et rechercher le moment le plus optimal, sur la base de notre connaissance du comportement humain, pour ouvrir et fermer cette opération avec le risque le plus faible possible. Mais sans entrer dans une comparaison entre les joueurs d'une équipe et de l'autre, leurs tactiques, leur forme, etc. Vous pensez peut-être que si nous tenions compte de tout cela, nos chances de réussir seraient plus grandes. **Je le pense aussi, et c'est pourquoi je crois que les investisseurs à moyen et long terme devraient utiliser l'analyse technique** (graphique, technique et chandelier) **et l'analyse fondamentale ensemble**, car de cette façon ils obtiendront de meilleurs résultats. L'analyse fondamentale n'est pas le sujet de ce livre, car elle est déjà largement traitée dans mon livre "Comment investir en Bourse à long terme en partant de zéro".

L'analyse graphique (et l'analyse technique, et les chandeliers) considère que toute l'information sur un actif (action, indice, matière première, etc.) est contenue dans le graphique des cours, y compris toutes les nouvelles concernant l'activité de l'entreprise, ses résultats, son bilan, les informations d'initiés, etc. On suppose que toutes ces informations sont, distribuées, en possession de toutes les personnes qui opèrent sur cet actif, et donc que le prix de cet actif incorpore déjà toutes les informations existantes à son sujet. Parce que tous ceux qui ont décidé d'acheter et de vendre (et au prix que chacun d'eux a décidé), ou de ne rien faire, ont pris toutes ces décisions (des millions de décisions) en utilisant toutes les informations, de quelque type que ce soit, disponibles sur cet actif. Personne ne dispose de toutes les informations, mais le prix, lui, dispose de toutes les informations, puisque le prix est le résultat final, ou "résumé", de toutes les décisions qui ont été prises en utilisant toutes les informations disponibles dans le monde sur cet actif.

Cela nous amène à la question de la liquidité, qui est la fréquence à laquelle un actif est acheté et vendu.

Il est possible que le postulat de l'analyse technique que nous venons de voir ("le prix intègre tout") soit vrai à 100% dans le cas d'un actif très liquide dans lequel l'information est largement distribuée parmi toutes les personnes qui achètent et vendent cet actif, et aucun des participants à ce marché n'a un pouvoir beaucoup plus grand que les autres pour influencer le prix. Si ces conditions ne sont pas réunies, et elles ne le sont généralement pas, cette hypothèse peut ne pas être entièrement vraie, mais seulement partiellement vraie.

Prenons le cas d'une petite entreprise non liquide. À tout moment, il est possible que toutes les personnes qui achètent et vendent ses actions disposent d'informations médiocres, et le résultat est que le prix reflète en réalité l'opinion de faible qualité de quelques personnes. On pourrait faire valoir que les propriétaires et les gestionnaires de cette société disposent d'informations de bonne qualité sur la société, et que s'ils n'achètent ou ne vendent pas, c'est parce qu'ils partagent, même par hasard, l'opinion des quelques personnes qui négocient à ce moment-là avec des informations de faible qualité. Mais les propriétaires et les gestionnaires n'achètent peut-être pas parce qu'ils n'ont pas les liquidités pour le faire à ce moment-là, même s'ils le souhaiteraient. Il se peut aussi qu'ils n'achètent pas, ou ne vendent pas, en raison de leur situation fiscale personnelle à ce moment-là, mais qu'ils le feraient si leur situation fiscale était différente. Dans un tel cas, la situation particulière de quelques personnes (très bien informées) en matière de fiscalité ou de liquidités aurait une influence importante sur le prix de l'action. Parce que les circonstances personnelles de quelques personnes sont opposées (nous supposons, dans cet exemple) à l'opinion que ces personnes ont de l'activité de l'entreprise et du prix actuel de son action. La situation personnelle de ces quelques personnes n'est pas une information sur l'entreprise en soi, mais à ce moment-là, elle aurait plus d'influence sur le prix de l'action que toutes les informations existantes sur l'entreprise.

Il peut également arriver qu'une personne ayant une grande capacité d'influence sur les prix, connaissant l'analyse technique et les chandeliers japonais, décide de "dessiner" certaines figures sur les graphiques afin d'inciter le reste des investisseurs et des négociants à opérer de manière opposée à ce qu'ils feraient s'ils disposaient de la même qualité d'information que la personne qui a "dessiné" ces figures (c'est-à-dire inciter les gens à vendre, afin d'acheter moins cher, ou à acheter, afin de vendre plus cher).

Des questions techniques telles que l'arbitrage, les garanties de prêt exécutées en raison de la situation personnelle d'un gros investisseur, les produits dérivés, etc., peuvent également avoir une forte influence sur le prix d'un actif, sans être des informations spécifiques à cet actif.

On pourrait donner beaucoup d'autres exemples, mais dans tous les cas, je crois que le but n'est pas d'entrer dans une discussion philosophique pour savoir si c'est vraiment le cas ou non, mais de savoir que c'est l'une des prémisses de départ de ces outils techniques, de mieux comprendre comment ils fonctionnent, de comprendre leurs faiblesses, et de savoir pourquoi l'analyse fondamentale et ces outils techniques se complètent très bien. Le fait que la situation idéale (information parfaitement distribuée entre tous les acteurs du marché, etc.) ne soit pas atteinte, **et ne le sera probablement jamais**, ne signifie pas que ces outils sont inutiles, mais qu'il faut tenir compte de tout cela pour leur donner la juste valeur que tout le monde estime qu'ils devraient avoir.

Nous pourrions donner de nombreux exemples similaires de comportement humain avec le niveau de nervosité des gens avant les examens, les entretiens d'embauche, les visites chez le médecin, etc. Ou de peur, ou d'inquiétude, ou d'illusion, ou d'espoir, etc., dans une infinité de situations qui vous viendront rapidement à l'esprit.

Le marché boursier ne fait pas exception à toutes ces situations, car de tels schémas de comportement humain se produisent également sur le marché boursier. Avec l'avantage, par rapport au niveau de joie des fans de football, par exemple, que **sur le marché boursier, le comportement humain laisse des "traces"** : le graphique des prix.

Ainsi, **lorsque nous analysons les graphiques des cours boursiers, ce que nous analysons en réalité, c'est le comportement humain passé de** cette entreprise, de cet indice, de cette matière première, etc. Et nous pouvons rechercher et détecter certains modèles, et estimer dans de nombreuses occasions avec une forte probabilité (relativement, ce n'est pas infaillible) ce que le prix fera à l'avenir.

Par exemple, lorsque de mauvaises nouvelles sont annoncées au sujet d'une entreprise solide et de bonne qualité, le comportement des investisseurs suit, ou est susceptible de suivre, certains schémas. Ce sera différent de ce qui se passe lorsqu'une entreprise de qualité médiocre a des problèmes majeurs, et différent de ce qui se passe lorsqu'il y a beaucoup de bonnes nouvelles dans un laps de temps relativement court à propos d'une entreprise qui est en vogue pour certaines raisons, par exemple.

1.3 Qu'est-ce que l'analyse technique et sur quoi est-ce qu'elle se base?

L'analyse technique est une tentative d'"objectiver" l'analyse des graphiques.

Nous venons de voir que le niveau de joie des supporters espagnols et néerlandais le 11 juillet 2010 variait de beaucoup, un peu, régulièrement, très peu, vraiment beaucoup et ainsi de suite.

Mais qu'entend-on par "beaucoup" ? ou "un peu" ? ou "régulièrement" ? ... Il est un peu compliqué de tracer une ligne entre "beaucoup" et "vraiment beaucoup", par exemple.

Supposons que nous disposions d'un appareil permettant de mesurer ce niveau de joie et qu'il nous indique que la joie des supporters varie de 0 (joie minimale) à 100 (joie maximale).

Il est clair que cela nous serait très utile, car plus nous achetons à 0, moins nous courons de risques et plus notre bénéfice potentiel est élevé. Et la même chose, mais en sens inverse, serait vraie lorsque nous vendons à 100, ou très près de 100.

Si le niveau de joie est à 5, nous ne savons pas s'il atteindra 0, mais **même si c'est le cas, nous prenons un risque très faible, et nous avons un potentiel de profit très élevé**. Il est possible qu'au lieu d'atteindre le niveau le plus bas à 5 et de remonter à partir de là, avant de dépasser 5, il tombe à 4, ou 2, ou même 0. Mais c'est parfaitement supportable pour tous ceux qui ont acheté à 5 ans.

Lorsque le niveau de joie dépasse 90, par exemple, il peut encore augmenter un peu, mais pas beaucoup plus. La chose la plus prudente à faire serait donc de penser à vendre.

Je voudrais profiter de cette occasion pour faire une remarque, qui vaut pour le reste du livre. Je pense que la meilleure stratégie pour l'investisseur moyen est la stratégie dite "Buy and Hold" (que j'aborde en détail dans mon livre <u>"Comment investir en Bourse à long terme en partant de zéro"</u>.), dans laquelle les actions sont très rarement vendues. Je dirai plusieurs fois dans ce livre que "dans une telle circonstance, vous devriez vendre". Veuillez noter que ce livre est valable pour les investisseurs à moyen et long terme, qui utilisent différentes stratégies, chacune ayant ses propres particularités. Cet aspect du livre doit donc être adapté à la situation de chaque lecteur. Si vous suivez une stratégie "Acheter et Conserver" (Buy and Hold), lorsque vous lisez "vendre", vous devez l'interpréter comme "n'achetez pas", mais pas comme "vendez" (à moins que votre analyse fondamentale ne vous dise que, dans un cas particulier, vous devriez vendre les actions de cette société). Ces signaux de "vente" vous aideront également si vous décidez, à un moment donné, de mettre en œuvre la stratégie d'achat d'options de vente dont je parle dans le paragraphe "3.8 Que faire si je suis sûr que le marché boursier va s'effondrer" du livre que je viens de citer. Ainsi, les points adaptés à la "vente" sont plus utiles pour ceux qui investissent à moyen terme.

Retour à l'analyse technique.

Il est clair que cet indicateur de niveau de joie nous sera utile, car lorsqu'il s'agit d'acheter, ce n'est pas la même chose de savoir que les supporters d'une équipe ne sont pas très heureux que leur niveau de joie soit à 30, où qu'il pourrait encore beaucoup baisser, ou à 6, où il pourrait peu baisser.

C'est pourquoi l'analyse graphique et l'analyse technique se complètent très bien, et il est même courant de les utiliser ensemble, en appelant l'union des deux "analyse technique".

Il y a très peu d'analystes qui utilisent uniquement l'analyse des graphiques ou uniquement l'analyse technique, bien qu'il y en ait quelques-uns. La grande majorité des investisseurs ou des traders utilisent toujours les deux types d'analyse en même temps, et chaque fois que vous voyez ou lisez "analyse technique" (dans ce livre, ou dans tout autre livre, site Web ou document), vous devez comprendre qu'il s'agit de l'union de l'analyse graphique et de l'analyse technique, sauf s'il est expressément indiqué qu'il s'agit d'une référence à l'analyse technique pure à l'exclusion de l'analyse graphique.

L'analyse technique pure consiste en une série d'indicateurs et d'oscillateurs (nous verrons la différence plus tard) qui sont représentés graphiquement, comme nous l'avons vu au point 1.1. Dans ce cas, tous les analystes voient la même chose. En d'autres termes, il existe une multitude d'indicateurs et d'oscillateurs parmi lesquels choisir, et tous les analystes n'utilisent pas les mêmes. Mais tous les analystes utilisant l'indicateur RSI, par exemple, verront la même chose sur leur écran au même moment. N'oubliez pas que dans l'analyse des graphiques, les "bandes" sont peintes par chaque analyste et que, par conséquent, différents analystes peuvent voir des choses différentes sur le même graphique.

Certains analystes peuvent voir une ligne de tendance ou un Triangle et d'autres non, mais si tout le monde a le RSI sur son écran, tout le monde verra que le RSI est à 27, par exemple.

1.4 Que sont les chandeliers japonais et sur quoi se basent-ils ?

Il semble que le graphique en chandelier japonais soit une technique qui a commencé à être utilisée il y a plusieurs siècles sur le marché du riz au Japon, et qui s'est ensuite étendue à d'autres marchés et pays. Steve Nison est celui qui a popularisé cette technique en Occident, d'abord avec des articles à la fin des années 1980, puis au début des années 1990 avec son livre "Japanese Candlestick Charting Techniques".

Comme pour l'analyse technique, les chandeliers peuvent être utilisés sur n'importe quel graphique de n'importe quel actif (actions, matières premières, devises, etc.), et sur n'importe quelle échelle de temps (mensuelle, hebdomadaire, journalière, horaire, etc.)

Les modèles de chandeliers japonais sont également divisés en modèles de renversement et de continuation, comme c'est le cas pour l'analyse des graphiques, comme nous le verrons un peu plus loin. Les plus importantes sont les figures de retournement, car ce sont elles qui nous aideront à essayer d'estimer les minimums et maximums du marché.

Les chandeliers sont totalement complémentaires des graphiques et de l'analyse technique. À certains égards, ils sont pires, mais à d'autres, ils sont meilleurs, c'est pourquoi il **est fortement recommandé d'utiliser les trois outils en même temps**.

Les chandeliers japonais donnent une indication plus claire et plus rapide du déroulement de chaque séance : si elle a été haussière ou baissière, si les prix ont terminé comme ils ont commencé malgré la volatilité, par exemple.

Ils sont également plus à même d'indiquer où la baisse ou la hausse dans laquelle nous sommes plongés à un moment donné pourrait prendre fin, pour laisser place à une nouvelle tendance. Il s'agit d'un point très important, et d'un très bon complément à l'analyse technique, car **les modèles de retournement des chandeliers japonais préviennent plus tôt des creux et des pics du marché que les modèles de retournement de l'analyse technique**. Cette indication plus rapide des zones où le prix est susceptible de se retourner nous aidera à acheter et à vendre à de meilleurs prix que si nous utilisions uniquement l'analyse technique.

1.5 Comment créer des diagrammes à barres et des diagrammes en chandelier ?

Il s'agit de comprendre comment ces graphiques sont créés et ce qu'ils représentent, car les calculs nécessaires seront effectués par le logiciel que vous utilisez. De nombreux courtiers disposent d'un logiciel permettant d'effectuer ces analyses, et vous pouvez également utiliser des programmes tels que Visual Chart (www.visualchart.com) ou Pro Real Time (www.prorealtime.com).

Chaque session, ou période, est une barre, ou un chandelier japonais.

Une période peut être une session (un jour), ou une semaine, un mois, un an, une heure, 30 minutes, etc. Celui-ci est choisi par chaque analyste.

Les barres d'analyse technique et les chandeliers sont dessinés avec 4 points de données :

    1)   Prix d'ouverture de la période

    2)   Prix de fermeture de la période

3) Prix maximum pour la période

4) Prix minimum pour la période

Regardons la barre dessinée par Procter and Gamble le 3 décembre 2012 :

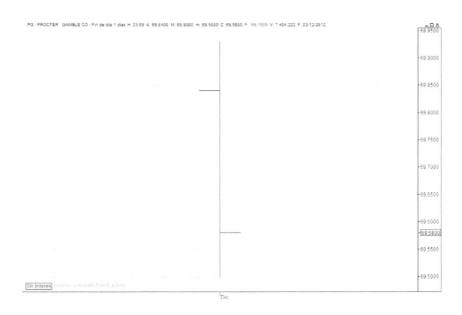

La barre est tracée de 69,93 $ (haut de la séance) à 69,50 $, le bas de la séance.

Vous verrez qu'il y a deux petites barres horizontales, une sur le côté gauche de la barre et une sur le côté droit. La petite barre de gauche est le prix d'ouverture (69,84 $ dans ce cas), et celle de droite est le prix de fermeture (69,58 $ dans ce cas).

Regardons maintenant le chandelier japonais de la même session :

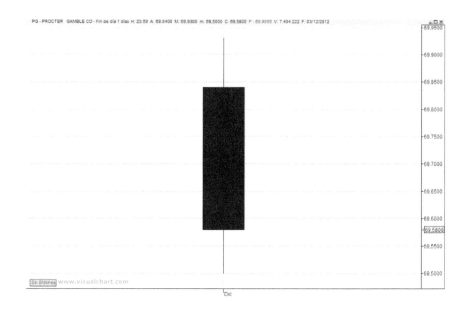

Il est très similaire, car il est **réalisé avec les quatre mêmes données**. La principale différence est ce rectangle noir, qui n'existait pas auparavant.

Ce rectangle noir est le corps du chandelier, et il va du prix d'ouverture (le même 69,84 $ que dans le graphique à barres précédent) au prix de fermeture (également le même 69,58 $ que dans le graphique à barres précédent).

Si le prix de fermeture est inférieur au prix d'ouverture, le corps du chandelier est noir (ou foncé, selon le logiciel).

Et si le prix de fermeture est supérieur au prix d'ouverture, le corps du chandelier est blanc (ou clair).

Les deux lignes sortant du corps du chandelier, l'une vers le haut et l'autre vers le bas, marquent le haut (69,93 $) et le bas (69,50 $) de la séance du 3 décembre 2012, comme sur le graphique en barres. Ces deux lignes sont appelées "ombres". L'ombre supérieure est la ligne supérieure, et l'ombre inférieure est la ligne inférieure.

Les ombres sont également importantes.

Lorsque le sommet d'une session coïncide avec le prix d'ouverture ou de fermeture de cette session, il n'y a pas d'ombre supérieure. Et si le plus bas d'une session coïncide avec le prix d'ouverture ou de fermeture de cette session, il n'y a pas d'ombre inférieure. Le fait que l'ombre supérieure ou inférieure soit inexistante est également important, comme nous le verrons lorsque nous aborderons les modèles de chandeliers en détail.

Lorsque ce qui coïncide est l'ouverture et la fermeture, ce qui est inexistant est le corps du chandelier. Ce type de figures spéciales, celles sans corps, sont appelées "Doji", et nous les verrons également en détail au chapitre 4.

Lorsque le corps existe mais est très petit, ces chandeliers sont appelées "toupies", quelle que soit la couleur du corps. Ce terme, "toupies", n'est pas l'un des plus importants, mais il est bon de le connaître.

Une longue ombre indique que le marché a rejeté ces prix, parce qu'ils sont allés jusque-là, mais se sont rapidement retournés, car très peu d'investisseurs étaient prêts à acheter (dans le cas des ombres supérieures) ou à vendre (dans le cas des ombres inférieures) leurs actions à ces prix.

Par exemple, une longue ombre supérieure indique que le marché est monté jusqu'à ce niveau, mais n'a pas pu le soutenir et a chuté, s'éloignant ainsi du sommet qu'il a réussi à atteindre. Il s'agit d'un signal baissier, car il montre que le marché a vu ces prix et les a "rejetés". Il est **important qu'elle ait atteint ces prix et qu'elle n'ait pas pu les maintenir**. Parce que la théorie est une chose, la pratique en est une autre.

Si une entreprise se négocie actuellement à 10 euros, par exemple, nous ne savons pas avec certitude quelle serait la réaction des investisseurs si elle se négociait à 10,20 euros, par exemple. Ils peuvent ou non penser que c'est encore un bon achat. Mais si cette société se négocie effectivement à 10,20 euros et revient rapidement à 10,00 euros, c'est le signe que le marché trouve ce prix cher.

Bien sûr, ce n'est pas définitif et infaillible, mais juste un autre signe.

Il en va de même pour les ombres inférieures, mais dans le sens inverse. Une longue ombre inférieure montre que le marché est tombé à un certain niveau, mais que des acheteurs sont immédiatement apparus et ont éloigné les prix des points bas, ce qui est un signe haussier.

Cette façon de dessiner les chandeliers permet de voir plus clairement et plus rapidement si la séance est en hausse ou en baisse.

Les diagrammes à barres vous permettent également de voir ces informations, mais cela demande plus de travail. Si vous regardez les deux graphiques ci-dessus, vous constaterez qu'il est plus facile de voir que la séance est montée et descendue, ou l'inverse, en regardant le chandelier japonais que la barre, car le corps de la bougie est bien plus beau que les deux petites barres à gauche et à droite de la barre principale sur l'analyse graphique. Aussi, pensez que dans ces deux graphiques que nous venons de voir de la séance du 3 décembre 2012 de Procter & Gamble, il n'y a qu'une seule barre, mais habituellement il y en a plusieurs, comme vous pouvez le voir dans les graphiques du point "1.1 Premier coup d'œil rapide".

Nous voyons également plus clairement dans le chandelier japonais la distance entre le haut et le bas et les prix de fermeture et d'ouverture, si les ombres sont longues, courtes ou inexistantes.

Les deux graphiques présentent exactement les quatre mêmes points de données, ni plus ni moins, mais le chandelier japonais les montre beaucoup plus clairement.

Comme nous l'avons déjà vu, une barre ou un chandelier japonais peut représenter un jour, une semaine, un mois, une année, une demi-heure, etc. Cela dépend de ce que l'analyste veut à un moment donné.

Voici le graphique à barres hebdomadaire de Procter and Gamble qui représente l'évolution du cours de l'action Procter and Gamble pour la semaine du lundi 26 novembre au vendredi 30 novembre 2012 :

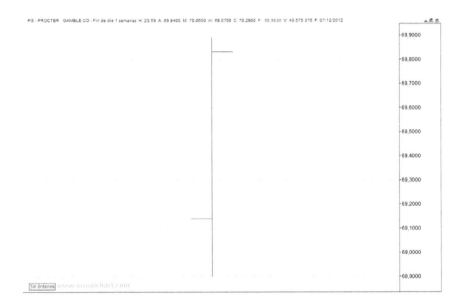

Et voici la bougie hebdomadaire qui représente la même semaine :

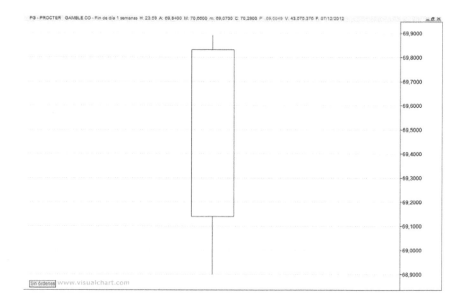

Dans ce cas, le corps du chandelier est blanc au lieu d'être noir, car le prix d'ouverture (69,14 $) était inférieur au prix de fermeture de la semaine (69,83 $). Et nous voyons qu'il est construit de la même manière. De même, la barre et le chandelier japonais qui représenteraient le prix de Procter and Gamble en 1997 sur un graphique annuel, ou ce qui s'est passé entre 11h et 12h le 5 mars 2013 sur un graphique horaire, et ainsi de suite, seraient construits de la même manière.

1.6 L'importance du volume dans l'analyse technique et les chandeliers

Dans l'analyse technique, le volume auquel les mouvements se produisent est important. Dans les chandeliers japonais purs, le volume n'est pas étudié, mais il n'y a aucun problème à le faire, et en fait je pense qu'il est bénéfique d'analyser les modèles de chandeliers japonais en tenant compte du volume, tout comme on le fait en analyse technique.

Le volume n'est pas mesuré en argent, mais en nombre d'actions (ou de contrats sur les marchés des options et des contrats à terme, etc.) Car ce qui compte vraiment, c'est le pourcentage du capital social qui est négocié à un moment donné, et cela se mesure par le nombre d'actions, et non par la valeur de celles-ci. Un million d'actions Allianz à 20 euros ont un prix total de 20 millions d'euros, et à 100 euros elles ont un prix total de 100 millions d'euros. Mais dans les deux cas, il s'agit d'un million d'actions. S'il était mesuré en argent, lorsque les prix sont élevés, le volume serait toujours (ou presque toujours) plus élevé que lorsque les prix sont bas, mais cela ne nous donnerait pas une image réelle de l'activité qui se déroule sur le marché à tout moment.

Un volume élevé ou faible renforce ou affaiblit toute figure d'analyse technique.

En général, **une figure qui se forme avec un volume élevé a plus de chances de se développer comme prévu**. À l'inverse, si une figure se forme avec un volume relativement faible, elle est moins fiable, bien que cela ne signifie pas qu'elle ne puisse pas se comporter comme prévu.

Par exemple, lorsqu'une ligne de tendance se rompt avec un volume élevé, la probabilité qu'il s'agisse d'une "bonne" rupture plutôt que d'une fausse rupture est plus grande que si cette même rupture s'était produite avec un volume relativement faible.

Un volume élevé indique que beaucoup d'investisseurs (ou plutôt, beaucoup d'argent, qu'il provienne d'un petit ou d'un grand nombre d'investisseurs) supportent ce mouvement. Cet argent peut être bon ou non, mais lorsque c'est "très bon", il est très probable qu'il fasse évoluer les prix en sa faveur, même s'il a tort (par exemple, il a "tort" lorsqu'il vend une entreprise qui est bon marché ou lorsqu'il achète une entreprise qui est chère, dans les deux cas par rapport à sa valeur fondamentale).

Lorsque le volume est faible, il y a beaucoup d'argent (et beaucoup d'actions) qui est indécis, de sorte qu'à tout moment, il pourrait se décider, dans un sens ou dans l'autre. C'est pourquoi les mouvements à faible volume sont moins fiables, **car à tout moment, l'argent (ou les actions) qui "observent et attendent" peuvent entrer dans la direction opposée à celle que le prix a eue jusqu'à ce moment**, et contrecarrer le mouvement qui s'est produit précédemment avec un faible volume.

Par exemple, lorsqu'une entreprise franchit une résistance, on suppose qu'elle est susceptible de monter, car le marché a décidé que ce qu'il pensait être cher (la zone de résistance) est désormais bon marché. Si le volume de la Résistance est élevé, cela signifie que la majorité du marché pense que le titre est bon marché et qu'il vaut la peine de payer des prix plus élevés. Mais si le volume au niveau de la résistance est faible, nous constatons qu'à l'heure actuelle, la plupart des investisseurs (ou la majorité de l'argent) ne savent pas si l'action est bon marché ou chère, parce qu'ils "regardent depuis les coulisses" (c'est-à-dire qu'ils attendent, ne font rien). Les investisseurs qui n'ont pas encore pris part à ce mouvement peuvent encore estimer que le prix est cher au niveau du prix de la Résistance, et peuvent profiter de cette hausse pour vendre des actions en grande quantité, faisant retomber le prix en dessous de la Résistance, dans ce qu'on appelle un faux breakout ou rupture (c'est-à-dire le franchissement de la Résistance à la hausse pour retomber à nouveau en dessous). Les fausses ruptures peuvent également se produire lorsque le volume est élevé, mais la probabilité est plus faible.

Dans le cas des chandeliers japonais, le volume supporte et renforce la figure lorsqu'il est élevé sur les chandeliers qui vont dans la direction attendue après l'apparition de la figure, et bas sur les chandeliers qui vont dans la direction opposée à celle attendue après l'apparition de la figure.

Par exemple, une figure d'avalement haussier est une figure haussière, formée par un chandelier noir suivi d'un chandelier blanc (nous y reviendrons plus tard). Le volume renforce cette figure lorsque le volume de la bougie blanche (la haussière) est supérieur au volume de la bougie noire (la baissière). Dans le cas où le volume de la bougie blanche est inférieur à celui de la bougie noire dans une figure d'avalement haussier, le volume affaiblit la fiabilité de la figure (ce qui ne l'empêche pas de bien fonctionner, mais ses chances de bien fonctionner sont plus faibles).

Dans un avalement baissier (figure baissière, que nous verrons également en détail plus tard), ce serait l'inverse. Le volume renforce la fiabilité d'un d'avalement baissier lorsque le chandelier noir a un volume plus élevé que le chandelier blanc. Et la fiabilité d'un d'avalement baissier est réduite lorsque le volume du chandelier noir est inférieur à celui du chandelier blanc.

Pour tous les modèles de chandeliers japonais, il faut suivre un raisonnement similaire à celui que nous venons de faire concernant le volume des chandeliers noirs et blancs qui forment chaque modèle.

Les figures haussières sont plus fiables lorsque le volume des chandeliers blancs est supérieur à celui des chandeliers noirs. Et ils sont plus faibles lorsque le volume des chandeliers blancs est inférieur à celui des chandeliers noirs.

Et les figures baissières sont plus fiables lorsque le volume des chandeliers noirs est supérieur à celui des chandeliers blancs. Et ils sont plus faibles lorsque le volume des chandeliers noirs est inférieur à celui des chandeliers blancs.

Le volume d'une session (ou d'une barre, en général) est élevé ou faible par rapport au volume des sessions précédentes. Les "sessions précédentes" ne sont pas un nombre fixe et exact de sessions. Nous devons comparer à un passé récent significatif, mais il n'existe pas de formule mathématique pour déterminer exactement ce qu'est ce "passé récent significatif". C'est quelque chose qui est déterminé par l'expérience.

En général, il faut comparer le volume actuel avec celui du passé récent. Si nous sommes sur un graphique quotidien, le volume d'il y a un ou deux ans est beaucoup moins pertinent que le volume des deux derniers mois, par exemple.

Et elle est toujours relative à l'actif lui-même. Le volume d'ATT, par exemple, n'est pas comparé au volume de l'or, ou de General Mills. Le volume d'ATT est comparé au volume d'ATT, le volume de l'or est comparé au volume de l'or, et le volume de General Mills est comparé au volume de General Mills.

A titre de curiosité, le nombre d'actions vendues est toujours le même que le nombre d'actions achetées. Personne ne peut vendre une action à moins que quelqu'un ne la lui achète. Et personne ne peut acheter une action à moins que quelqu'un ne la lui vende.

Il est important de savoir que le volume que nous voyons sur les graphiques n'est pas aussi précis qu'il n'y paraît. Le volume quotidien d'une entreprise est censé être la somme des décisions de tous les acheteurs et vendeurs ce jour-là. En bref, ceux qui pensent que l'entreprise est bon marché achètent, et ceux qui pensent qu'elle est chère vendent.

Mais il existe aussi des transactions qui ont lieu sans que l'acheteur ou le vendeur ne soit motivé par le fait que l'entreprise semble chère ou bon marché à ce moment-là.

Il existe, par exemple, des transactions où l'acheteur et le vendeur sont les mêmes, et où la transaction est effectuée pour des raisons fiscales ou autres, mais pas parce que la société semble bon marché ou chère pour cet investisseur.

Supposons qu'une société mère possède plusieurs filiales et que l'une d'entre elles possède un million d'actions Royal Mail. À un moment donné, elle peut être intéressée par le transfert de ce million d'actions Royal Mail à une autre de ses filiales, et pour ce faire, elle procède à une vente et un achat entre ses filiales. Si la transaction est effectuée sur le marché normal, ce million d'actions sera reflété dans le volume des transactions de ce jour-là. Idéalement, nous aimerions le savoir et ne pas tenir compte de ce million d'actions dans l'analyse de Royal Mail, mais les informations sur le volume ne sont pas fournies à ce niveau de détail. Les transactions telles que celles que je viens de décrire sont parfois effectuées sur le marché ouvert (ou "normal"), et sont reflétées dans les volumes de transactions indiqués par les programmes d'analyse technique, et parfois elles sont effectuées d'une manière qui n'est pas reflétée dans les volumes indiqués par les programmes d'analyse technique.

Il existe également des opérations qui sont effectuées pour des raisons techniques, en conséquence du fonctionnement normal des produits tels que les fonds et dépôts structurés, les arbitrages, etc.

Idéalement, nous aimerions pouvoir retirer des volumes de transactions toutes ces transactions qui n'ont pas lieu pour des raisons "normales" (si les investisseurs pensent que la société est bon marché ou chère à ce moment-là), mais ce n'est pas possible. Vous devez donc être conscient que ces types de situations existent et que, dans les données de volume que vous voyez, elles seront toujours mélangées aux transactions "normales".

L'importance du volume est légèrement plus grande dans les mouvements haussiers que dans les mouvements baissiers, bien que ce ne soit pas une règle absolue. Le fait est qu'il est plus facile de tomber avec un faible volume que d'y monter. Pour comprendre cela, il est bon de penser à ce qui se passe avec une pierre, par exemple. Pour la soulever, nous devons exercer une force. Mais pour que cette pierre tombe, il suffit de la laisser tomber, sans avoir besoin d'exercer une force. La comparaison n'est pas tout à fait exacte, car il existe de nombreuses différences entre les pierres mobiles et le marché boursier, mais je pense qu'il est utile de rappeler cette nuance.

Il est plus facile de faire baisser le cours d'une action dans un contexte de désintérêt de la majorité des investisseurs, qui n'achètent ni ne vendent, que de le faire monter dans les mêmes circonstances.

L'explication est que si le cours de l'action chute et que de nombreux investisseurs sont paralysés, les rares qui vendent peuvent être de plus en plus effrayés et baisser les prix auxquels ils sont prêts à vendre, accélérant ainsi la chute du cours de l'action.

Toutefois, si la majorité des investisseurs sont indécis et que le prix commence à augmenter, il est plus probable qu'une partie des indécis sera de plus en plus tentée de vendre à ces prix de plus en plus élevés afin de bloquer leurs gains, ce qui exercera une pression à la baisse sur le prix.

Cela ne veut pas dire qu'un hausse ne peut pas se produire sur un faible volume, pour n'importe quelle raison, car en fait les hausses se produisent parfois dans ces conditions. Mais il est bon de connaître cette petite nuance sur le volume entre les hausses et les baisses.

1.7 "L'union fait la force"

Comme je l'ai déjà mentionné, et nous le verrons en détail dans le reste du livre, je pense que ces trois techniques sont totalement compatibles, et se complètent très bien.

En utilisant les trois en même temps, nous pouvons avoir le meilleur de chacun d'eux, sans rien perdre, car nous **n'aurons aucun inconvénient à les utiliser ensemble plutôt que séparément**. C'est l'une de ces situations où l'on gagne quelque chose sans rien abandonner, et mon conseil est donc de toujours utiliser les trois en même temps.

L'analyse fondamentale doit être utilisée pour décider "quoi" acheter. C'est la chose la plus importante pour un investisseur à moyen ou à long terme : analyser les entreprises sur une base fondamentale et estimer si, au prix actuel, elles sont chères, bon marché, très chères, très bon marché, etc. en fonction de leur activité, de leurs perspectives d'avenir, etc.

Une fois qu'un investisseur a estimé, à l'aide de l'analyse fondamentale, que National Grid est bon marché à 10 £, par exemple, il doit passer à l'analyse technique et aux chandeliers pour estimer s'il est préférable d'acheter maintenant à 10 £, ou s'il y a une forte probabilité qu'il puisse être acheté à un prix inférieur.

Par conséquent, **avec l'analyse technique et les chandeliers japonais, nous décidons "quand" acheter la** société qui nous intéresse en fonction de l'analyse fondamentale que nous en avons faite.

Comme nous l'avons déjà vu, la compatibilité de l'analyse technique et des chandeliers japonais est totale, car les deux graphiques sont construits avec exactement les mêmes données (ouverture, fermeture, maximum et minimum de chaque barre), et les signaux d'une technique renforcent et confirment ceux de l'autre. Les signaux haussiers que nous voyons dans l'analyse technique seront plus importants et plus fiables s'ils coïncident avec les signaux haussiers des chandeliers japonais, et vice versa. Il en va de même pour les signaux baissiers. Les signaux baissiers de l'analyse technique sont plus forts et plus fiables lorsqu'ils coïncident avec les signaux baissiers des chandeliers japonais.

L'analyse technique fournit des informations que les chandeliers ne fournissent pas, et les chandeliers fournissent des informations que l'analyse technique ne fournit pas. C'est pourquoi il est si intéressant d'utiliser les deux outils en même temps.

Les chandeliers japonais indiquent à l'avance les points où la tendance change, et ils montrent beaucoup plus clairement si chaque barre a été haussière ou baissière.

L'analyse technique montre des choses que les chandeliers ne montrent pas, comme les positions de surachat ou de survente, les divergences des indicateurs avec les prix, ou le calcul des objectifs de prix que le prix pourrait atteindre dans le futur.

Par conséquent, il n'y a aucun inconvénient à utiliser les deux techniques ensemble, et il n'y a donc aucune raison de les utiliser séparément. En utilisant les deux techniques ensemble, nous gagnons beaucoup, sans rien perdre.

Chapitre 2 : Principales figures de l'analyse graphique

2.1 Supports et résistances

2.1.1 Que sont les supports et les résistances ?

Le support et la résistance sont des zones où de nombreuses personnes ont acheté et vendu (pour chaque action achetée, il y a toujours une autre action vendue, qui est en fait la même). Certains ont eu raison, d'autres ont eu tort, et **le souvenir de ces succès et échecs passés influence le comportement futur des investisseurs lorsque les prix reviennent dans cette zone**.

Les supports sont en dessous du prix actuel, et les résistances sont au-dessus du prix actuel.

Le support et la résistance peuvent se former à tout moment, mais le cas des introductions en Bourse est probablement l'un des plus clairs pour comprendre le fonctionnement du support et de la résistance.

Técnicas Reunidas a été introduite en Bourse en juin 2006, au prix de 17 euros. En actualisant les dividendes qu'elle verse depuis son introduction en Bourse, ces 17 euros de juin 2006 équivalent à environ 14 euros au moment où j'ai imprimé ce graphique (décembre 2012). Nous verrons plus tard en détail ce que sont ces "dividendes d'actualisation", mais pour l'instant il suffit de penser que les 17 euros de juin 2006 "équivalent" à environ 14 euros en décembre 2012.

Regardons ce qui est arrivé à Técnicas Reunidas après son introduction en Bourse :

Comme on peut le voir, Técnicas Reunidas a connu une très forte hausse immédiatement après son introduction en Bourse, ce qui l'a fait passer à 50 euros fin 2007.

Quel impact psychologique cela a-t-il eu sur les investisseurs ?

Ceux qui n'ont pas acheté lors de cette introduction en Bourse, ou quelques jours après, ont pensé : "J'aurais aimé acheter des actions de Técnicas Reunidas lorsqu'elle est entrée en Bourse à 14 euros !

Et ceux qui ont acheté se sont dit "J'aurais aimé acheter plus d'actions !".

Puis est survenue la crise des subprimes et une chute généralisée des marchés boursiers, qui a fait chuter Técnicas Reunidas aux 14 euros auxquels elle avait été introduite en Bourse.

Qu'ont fait les investisseurs, tant ceux qui avaient acheté lors de l'introduction en Bourse que ceux qui ne l'avaient pas fait ? **Ils ont sauté sur l'occasion pour acheter des actions de Técnicas Reunidas aux 14 euros qu'ils rêvaient d'acheter entre juin 2006 et fin 2008**, date à laquelle le prix est revenu à ce niveau.

Le fait que la chute se soit arrêtée là est dû en grande partie aux fondamentaux de Técnicas Reunidas, logiquement. En d'autres termes, l'entreprise se portait bien, et à ces prix, les investisseurs qui analysent les données fondamentales des entreprises la considéraient comme très bon marché.

Il est très important qu'en tant qu'investisseur à moyen et long terme, vous donniez **toujours la priorité aux données fondamentales de l'entreprise par rapport aux outils techniques**. En ce qui concerne le support, vous devez rechercher les situations où la société est bon marché sur le plan des fondamentaux et bénéficie également d'un bon support. Si la société bénéficie d'un support, **mais n'est pas bon marché sur le plan des fondamentaux, vous ne devez pas acheter, quelle que soit la qualité de ce support**.

Voyons ce qui s'est passé avec Inmobiliaria Colonial au même moment :

Analyse technique et chandeliers japonais pour les investisseurs à moyen et long terme

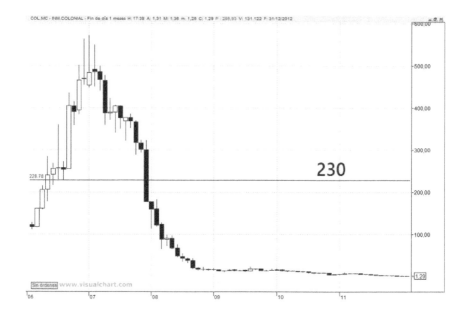

À l'été 2006, lorsque Técnicas Reunidas est entrée en Bourse, Inmobiliaria Colonial a constitué un support à 230 euros. A partir de là, elle a également beaucoup augmenté, et a commencé à chuter en même temps que Técnicas Reunidas. Mais les affaires d'Inmobiliaria Colonial allaient très mal, et l'entreprise avait de nombreux problèmes. C'est pourquoi la chute du cours de l'action non seulement ne s'est pas arrêtée à ce support de 230 euros, mais elle l'a clairement cassé, et fin 2012, le cours de l'action était d'environ 1 euro.

En réalité, vu exclusivement d'un point de vue technique, le support de Técnicas Reunidas était plus important que celui de Colonial, principalement en raison de l'évolution des affaires des deux entreprises et de leurs perspectives d'avenir.

Ce qui devrait être clair pour vous, c'est que :

    1)   **Qu'est-ce qu'un Support et pourquoi est-il formé ?**

2)   **N'investissez jamais contre les fondamentaux, même si les figures techniques vous semblent très claires.**

Cela dit, la chute de Técnicas Reunidas aurait pu s'arrêter à 16 euros, ou à 12 euros, mais elle l'a fait en plein dans la zone où elle était flottante. Les baisses de prix ne s'arrêtent pas toujours au support. **Nous devons toujours agir avant de savoir ce que le prix fera une seconde plus tard**. C'est pourquoi nous devons rechercher les situations où les probabilités sont de notre côté, et en **achetant aux Supports nous aurons plus souvent raison qu'en achetant aux Résistances**. De la même manière qu'en **vendant à la Résistance, nous aurons raison plus souvent qu'en vendant au Support**. En le combinant toujours avec notre opinion sur les fondamentaux de l'entreprise, de l'actif ou de la matière première sur lesquels nous investissons, de manière logique.

Comme vous pouvez le constater, un Support n'est pas un point exact, mais une zone. Dans ce cas, le cours de l'action tombe un peu en dessous de la ligne de support (le minimum que la société a fixé lors de ses premiers jours de cotation en Bourse en juin 2006). Parfois, le support se situe à 14,31 euros et la chute suivante s'arrête exactement à 14,31 euros, mais ce n'est pas toujours le cas. Dans cet exemple, le support serait "vers 14 h 31", mais pas exactement à 14 h 31. La chute s'est arrêtée un peu en dessous de 14,31, tout comme elle aurait pu s'arrêter exactement à 14,31, ou un peu au-dessus de 14,31. Et dans les trois cas, nous considérons que le support a fonctionné.

Les résistances sont des zones qui se situent au-dessus du prix, et qui sont susceptibles d'être plus difficiles à surmonter que la normale.

Regardons maintenant un graphique mensuel de Prisa pour voir quelles sont les résistances :

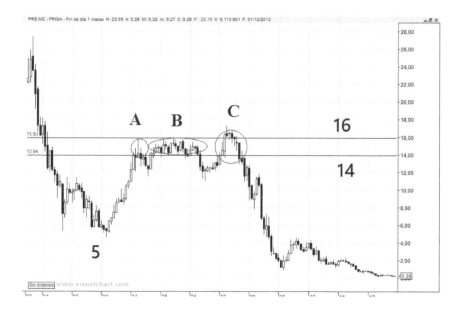

Au début de 2003, Prisa entame une très forte hausse, qui le fait passer d'environ 5 euros à 16 euros au début de 2004.

Nous verrons ensuite comment dessiner les Résistances, et les Supports. Maintenant nous ne regardons que ce qu'ils sont, mais vous pouvez voir qu'à 16 euros (ombre A) la bougie qui amène le prix à 16 euros a une très longue ombre supérieure, ce qui comme nous l'avons vu est un signal baissier. Tout cela, nous le verrons plus tard de manière plus détaillée.

Ce qu'il faut voir maintenant, c'est qu'après une très forte hausse, le cours de l'action atteint 16 euros, et retombe. Pendant environ un an (de début 2003 à début 2004), **toute personne ayant acheté des actions Prisa se serait retrouvée très rapidement bénéficiaire**. Aucun de ces acheteurs ne regrette d'avoir acheté Prisa. En fait, ils auraient aimé acheter plus d'actions. Et ceux qui n'ont pas acheté d'actions Prisa pendant cette hausse regrettent de ne pas l'avoir fait, **car ils ont cessé de gagner de l'argent**.

Mais lorsqu'il atteint 16 euros, cela change, car le cours de l'action tombe à 12 euros en quelques mois. Cela signifie que, **pour la première fois depuis longtemps, la situation est inversée** et que certaines personnes commencent à regretter d'avoir acheté des actions Prisa, car elles se négocient à des prix inférieurs à ceux auxquels elles les ont achetées.

Entre la fin de l'année 2004 et le début de l'année 2006 (ombre B), soit un peu plus d'un an et demi, le cours de l'action de Prisa a approché les 16 euros à plusieurs reprises, sans toutefois parvenir à les dépasser. Les investisseurs ont du mal à payer plus de 16 euros pour les actions de Prisa, **car ils se souviennent que ceux qui l'ont fait dans le passé ont eu tort**, car le prix de l'action a chuté après avoir atteint 16 euros.

Mais depuis un an et demi, beaucoup de gens achètent des actions Prisa à près de 16 euros, entre 15 et 16 euros, environ. Si vous regardez le graphique, vous verrez que pendant cette période, le cours de l'action de Prisa a évolué entre 14 et 16 euros. Mais 14 euros serait un support, comme nous l'avons vu auparavant. Ceux qui ont acheté près de 14 euros pendant cette année et demie ne sont pas très mécontents. Ils n'ont pas gagné beaucoup, mais ils n'ont pas perdu non plus. La plupart du temps, ils ont vu le prix dépasser leur prix d'achat, et ils ont même pu vendre avec un petit bénéfice.

Le "problème" (qui est à l'origine de la Résistance) concerne les personnes qui ont acheté plus de 15 euros, car **elles ont le sentiment d'avoir fait une erreur.**

Lorsqu'à la mi-2006, Prisa casse le support de 14 euros et tombe à 11 euros, il est clair que ceux qui ont acheté à 16 euros avaient tort.

La plupart des personnes qui ont acheté Prisa au-dessus de 15 euros ne pensent plus à gagner de l'argent sur l'opération, comme c'était leur idée initiale. **Ils se contenteraient de pouvoir vendre au prix auquel ils ont acheté**, et de récupérer leur argent. C'est tout ce dont ils seraient satisfaits.

C'est ce qu'est la résistance : un **grand nombre de personnes piégées au même prix, au-dessus du prix actuel, qui attendent que le prix atteigne ce niveau** (la résistance) pour **vendre et récupérer leur argent.**

Au milieu de l'année 2007, le cours de l'action revient à 16 euros, et dépasse même ce niveau pour dépasser légèrement les 17 euros (ombre C).

Pouvions-nous être sûrs que le prix de l'action baisserait après avoir atteint 17 euros ? Non, nous ne pouvons jamais être sûrs de l'évolution du cours de l'action à partir de maintenant. Mais, en regardant le graphique, nous **savions qu'il y avait beaucoup de gens qui voulaient vendre à ces prix**, pour sortir de Prisa, parce que nous connaissons certains modèles de comportement humain. Et sur cette base, nous savions qu'il était difficile pour Prisa de sortir clairement de cette zone, parce qu'il y avait beaucoup de gens qui attendaient de vendre à ces prix pour sortir de Prisa et l'oublier, au moins pendant une bonne période.

C'est pourquoi, sans savoir ce que l'avenir nous réserve (chose impossible à savoir), nous savions **que la chose la plus prudente à faire était de ne pas acheter Prisa alors qu'il était très probable qu'un grand nombre d'investisseurs vendraient.** Parce que c'est ainsi que fonctionne le comportement humain.

Avant de poursuivre, il est important de préciser qu'"il est clair que ceux qui ont acheté Prisa à 16 ans ont eu tort". Cela ne veut pas dire qu'en utilisant l'analyse technique ou les chandeliers japonais, nous ne nous "tromperons" jamais, ni que j'ai une méthode infaillible pour ne pas me "tromper". Si vous avez lu mes livres précédents ou les articles sur mon site Web (www.invertirenbolsa.info), vous savez déjà, et si ce n'est pas le cas, je vous le dis maintenant, que je considère qu'il est pratiquement impossible d'acheter aux périodes basses et de vendre aux périodes hautes. Je pense également que pour l'investisseur moyen, la meilleure façon d'investir est à long terme, car à court terme, il a très peu de chances de gagner de l'argent au cours de sa vie (bien que tout le monde puisse gagner de l'argent en négociant à court terme pendant des périodes plus ou moins longues).

Mais le fait est que la plupart des personnes qui investissent en Bourse le font à court terme (tant les investisseurs individuels qu'institutionnels), et **jugent leurs erreurs et leurs succès avec une vision trop myope**, à mon goût. Il ne s'agit pas de juger ces personnes, ni de savoir si elles sont meilleures ou pires que les investisseurs à moyen et long terme.

Il s'agit de se mettre à la place de la majorité des personnes qui prennent des décisions sur la base d'impulsions émotionnelles plutôt que de manière rationnelle. Car c'est ainsi que l'on peut essayer de prévoir quelles seront leurs réactions futures à différents scénarios, et que l'on peut tirer parti de notre connaissance du comportement humain.

C'est pourquoi j'ai utilisé l'expression "se tromper", et je continuerai à l'utiliser dans le reste du livre. En aucun cas cette expression ne doit être interprétée comme une critique des personnes qui ont acheté ou vendu dans les différentes situations que nous verrons tout au long du livre, car ce n'est pas du tout le cas. Je crois simplement que cette expression, et d'autres similaires que je pourrais utiliser, **est celle qui définit le mieux l'état d'esprit de la plupart de ces personnes à ces moments où elles qualifient elles-mêmes leurs décisions passées**.

La psychologie est cruciale, c'est pourquoi nous devons connaître le plus possible les sentiments de l'investisseur moyen à tout moment, car c'est ce qui nous donnera les indices que nous recherchons pour optimiser nos décisions.

2.1.2 Comment les Supports et les Résistances sont placés

Il n'existe pas de formule mathématique pour placer le support et la résistance. Vous devez rechercher "à l'œil" les zones où le prix s'est arrêté dans le passé. Parmi tous ces domaines, vous devez rechercher **les plus importants**, ceux où il y a le plus de personnes ayant le sentiment d'avoir eu raison (supports) ou tort (Résistances).

Si le prix augmente et s'arrête dans une zone où peu de personnes ont acheté, puis diminue, une résistance s'est formée. Mais cette résistance sera faible et sans importance, car il y aura peu de personnes qui auront le sentiment d'avoir commis une erreur. Ainsi, lorsque le prix revient dans cette zone, il y aura peu d'actions à vendre, et donc sa capacité à stopper le prix et à le faire chuter sera faible.

Le support fonctionne de manière similaire, bien qu'il soit un peu différent dans certains cas, car parfois il correspond à des domaines où l'entreprise est fondamentalement bon marché. Dans ces cas, le nombre de personnes qui ont acheté à l'époque importe moins que le fait que les directeurs et les principaux actionnaires de la société, les grands investisseurs, etc., pensent qu'à ce prix-là, c'est un bon investissement et décident d'acheter en grande quantité.

Recherchez le support et la résistance les plus clairs, **pas tous ceux que vous pouvez trouver**. Il s'agit de rechercher les points les plus importants où le prix pourrait s'arrêter. Pensez qu'un investisseur à moyen ou long terme recherche des mouvements d'une certaine importance, et non des mouvements de quelques centimes.

Jetons un coup d'œil au graphique quotidien d'Endesa :

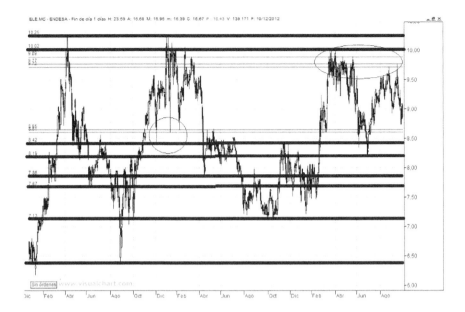

J'ai dessiné les supports et résistances les plus importants avec des lignes épaisses. On pourrait en dessiner bien d'autres, comme vous pouvez le constater, car dans ce mouvement latéral, le prix s'est retourné à de nombreux endroits. Mais si nous devions dessiner tous ceux que nous avons pu trouver, nous ne verrions presque rien, car nous nous retrouverions avec un tableau très confus, plein de lignes. Dans les graphiques, nous devons essayer de dessiner les figures les plus importantes que nous voyons, en ignorant les figures de moindre importance. Un graphique très surchargé peut sembler contenir beaucoup plus d'informations, et c'est vraiment le cas, **mais ce surcroît d'informations peut être synonyme de plus de confusion**, et d'une plus grande probabilité d'ignorer les choses importantes en se concentrant sur des détails secondaires.

Je voudrais que vous remarquiez les lignes fines que j'ai tracées. Il y a aussi les supports et les résistances, mais à mon avis ils sont moins importants que ceux dessinés avec des lignes épaisses. Les dessiner tous induit à la confusion, car cela réduit la concentration sur les supports et les résistances les plus importants.

À tout moment, le support le plus important est celui (parmi ceux qui sont pertinents) qui est immédiatement inférieur au prix actuel. De la même manière, la résistance la plus importante est celle (parmi celles qui sont pertinentes) qui se situe immédiatement au-dessus du prix actuel. Car, logiquement, ce sont les premiers auxquels le prix devra faire face.

Comme vous pouvez le voir dans le cercle ombragé le plus à gauche, il y a trois lignes "candidates" au support, dans les trois creux que le cours de l'action a connus à ce moment-là. Ils sont à 8,42 euros, 8,61 euros et 8,65 euros. J'ai dessiné d'un trait épais celui de 8,42 euros car les trois sont très proches les unes des autres, et c'est le plus éloigné des trois.

Dans la zone de résistance la plus proche, j'ai agi de la même manière. Ici, nous aurions quatre lignes "candidates" à la Résistance ; 9,72 euros, 9,77 euros, 9,89 euros et 10,02 euros. J'ai également choisi, dessiné avec un trait épais, le plus éloigné, qui est à 10,02 euros.

Les lignes fines auraient-elles pu être dessinées avec une ligne épaisse et considérées comme un support et une résistance ? Oui, bien sûr, car il s'agit vraiment d'un support et d'une résistance. Mais je pense que si nous ne laissons que les zones les plus importantes, le tableau devient plus clair et nous prendrons de meilleures décisions :

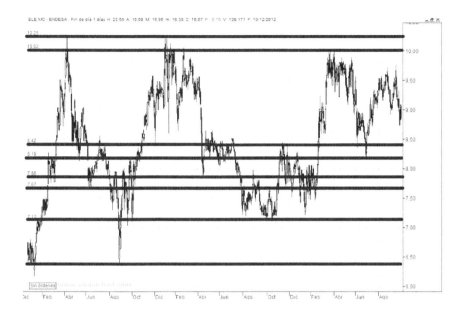

Je pense que cela rend le graphique plus clair, et que nous ne perdons pas d'informations importantes.

Le prix pourrait-il tomber jusqu'à 8,61 euros, l'un des supports que nous n'avons pas tracé dans ce deuxième graphique, puis s'arrêter là et remonter ? Oui, bien sûr, c'est possible. Mais cela se produirait près du Support que nous avons dessiné à 8,42 euros, donc nous ne "raterions" pas ce fait.

2.1.3 Comment savoir si le support ou la résistance actuels vont fonctionner ou non ?

La première chose à savoir est que nous ne pouvons jamais être sûrs à 100 % qu'un support ou une résistance fonctionnera ou se brisera, car **il existe de nombreuses fausses ruptures.**

Une fausse rupture d'un support se produit lorsque les prix tombent légèrement en dessous du support, mais se rétablissent rapidement, et remontent nettement au-dessus de la zone de support.

Et une fausse rupture d'une résistance se produit lorsque les prix montent légèrement au-dessus de la résistance mais redescendent ensuite nettement en dessous de la zone de résistance.

Le but est de toujours d'agir (acheter ou vendre) dans des situations où nous avons une forte probabilité d'avoir raison. Si nous faisons cela, nous aurons tort de nombreuses fois, c'est certain, mais nous aurons raison bien plus souvent, et le **résultat global sera que nous aurons augmenté notre rentabilité et nos actifs plus que nous ne l'aurions fait si nous n'avions pas utilisé l'un de ces outils** et si nous avions été guidés uniquement par l'analyse fondamentale. C'est exactement ce que nous recherchons lorsque nous utilisons ces outils. Nous ne cherchons pas à être toujours dans le vrai, car cela ne servirait à rien, mais à améliorer nos performances globales.

Je pense que la première chose que nous devons prendre en compte pour estimer la probabilité d'un support ou d'une résistance est l'opinion fondamentale que nous avons de l'entreprise en question.

Si nous pensons que l'entreprise est chère, alors nous ne devons pas acheter ce support. Directement. Peu importe que, techniquement, il nous semble être un support très fiable. **Un investisseur à moyen ou long terme ne devrait jamais acheter une société qu'il estime chère**, quoi que dise l'analyse technique.

De la même manière qu'un investisseur à moyen terme (bien que le "moyen terme" englobe une infinité de stratégies, chacune ayant ses propres caractéristiques et nuances) ne vend pas, en principe, une entreprise qu'il considère comme bon marché, même si elle fait de la résistance. À plus court terme, il est possible de vendre, en espérant racheter moins cher, etc., bien que cela augmente la difficulté de la stratégie et réduise la probabilité de succès. C'est pourquoi j'ai dit que lorsqu'un investisseur à moyen terme doit vendre ou non, il y a beaucoup de choses à clarifier. Adaptez-le à votre stratégie particulière.

En suivant ces deux règles, nous éviterons un grand nombre d'erreurs, car lorsqu'une entreprise est chère, il est normal que le support soit brisé, tôt ou tard. Et quand elle est bon marché, tôt ou tard, elle brisera la Résistance qu'elle a à proximité.

Si nous établissons les trois catégories suivantes pour savoir si une entreprise peut être bon marché :

> 1) Bon marché : le prix est raisonnable, et nous sommes sûrs de gagner de l'argent à long terme en achetant à ces prix. Mais il pourrait être moins cher, voire nettement moins cher, et si les choses tournent mal, il pourrait se passer beaucoup de temps avant qu'il ne revienne à ces prix.
>
> 2) Très bon marché : il n'est pas impossible qu'il tombe en dessous de ces prix, mais c'est difficile, car il s'agit d'un très bon prix, le genre que l'on voit rarement.
>
> 3) Super bon marché : c'est un prix que nous pensions ne jamais atteindre, car il nous semble être "donné gratuitement".

La façon d'agir lorsque le prix atteint un Support serait :

> 1) **Bon marché :** Il faut donner assez d'importance aux figures que le prix tire dans ce Support (et que nous verrons plus tard). Il est préférable d'attendre un peu, pour voir si le Support semble fonctionner, plutôt que d'essayer d'acheter à l'avance.
>
> 2) **Très bon marché :** Bien qu'il faille également examiner les figures de rendement qui peuvent être réalisés, il est possible d'effectuer un achat partiel, au moins (en fonction

de la liquidité de l'investisseur, s'il possède déjà des actions de cette société ou non, etc). Parce que le cours de l'action ne fait pas toujours des figures de retournement sur les Supports. Ce qui est important, c'est l'analyse fondamentale, car il s'agit d'acheter à bas prix.

3) **Super bon marché :** la chose la plus raisonnable à faire est d'acheter, sans attendre un délai d'exécution. Ces situations ont tendance à se produire dans des moments de panique, et le virage à la hausse peut être très rapide, sans nous laisser le temps de réagir. S'il s'agit d'un prix auquel on ne s'attendait pas et que l'on dispose de liquidités, la meilleure chose à faire est d'en profiter rapidement.

Comme vous pouvez le constater, plus l'entreprise nous semble bon marché, moins nous devons accorder de poids à l'analyse technique dans notre décision, à mon avis. À l'inverse, moins elle est bon marché, plus nous devons nous intéresser à l'analyse technique.

Dans tous les cas, il est entendu que la note attribuée à la société (bon marché, très bon marché ou super bon marché, ou autre) a tenu compte de l'état de l'économie à ce moment-là, de ses perspectives d'avenir, de la psychologie du marché, etc.

Comment estimer si le support semble fonctionner ou non, c'est ce que nous verrons dans la suite du livre, avec les figures de retournement, les indicateurs, les divergences, etc.

Quant au moment de vendre, il est difficile d'être aussi précis que pour l'achat. Dans toutes les stratégies qui impliquent de vendre régulièrement, du très court terme (secondes, voire millisecondes) au moyen terme (mois ou années), le plus difficile est de choisir le moment de la vente. En fait, la différence entre les quelques personnes qui atteignent une rentabilité supérieure à la stratégie "Buy and Hold", tout au long de leur vie, en entrant et en sortant du marché, et le reste de l'humanité est précisément cela : cette minorité sait choisir le bon moment pour vendre, et le reste ne le sait pas.

Je ne peux donc pas vous donner d'excellents conseils sur le moment de vendre, car **je ne fais pas partie de la minorité qui peut battre la stratégie "Buy and Hold" (acheter et conserver) au cours de sa durée de vie en entrant et en sortant du marché.**

Fondamentalement, il s'agit de vendre aux résistances, lorsqu'il y a des modèles d'inversion baissière, des divergences baissières, etc. Nous verrons également tout cela plus tard, mais comme je le dis, il est beaucoup plus compliqué de le mettre en pratique avec succès dans le cas de la vente que dans le cas de l'achat.

Le volume de transactions (mesuré en actions) que l'action avait au moment où le support ou la résistance a été créé est également important, comme nous l'avons vu précédemment. Un volume est faible ou élevé par rapport au volume habituel de cette entreprise. 10 millions d'actions peuvent représenter un volume très élevé pour une entreprise et un volume très faible pour une autre. C'est pourquoi le volume est toujours relatif à chaque entreprise.

Si au moment de la formation d'un support ou d'une résistance, le volume est élevé, le nombre d'actions impliquées dans la formation de ce support ou de cette résistance sera plus élevé que si ce volume est faible, comme c'est logique. Mais il n'existe pas de formules mathématiques pour calculer le nombre d'actions concernées, car il n'y a aucun moyen de savoir avec précision qui a acheté, et avec quelles intentions (rappelez-vous ce dont nous avons parlé à propos de l'arbitrage, des opérations entre filiales d'une même société mère, etc.

2.1.4 Le temps réduit la résistance des Supports et des Résistances, parfois

En réalité, ce n'est pas toujours le cas, mais seulement lorsque ces Supports et Résistances **s'opposent au mouvement principal du prix**, qui à long terme dépend du développement des affaires de l'entreprise, et à court et moyen terme peut être influencé par de nombreuses autres questions techniques.

Si vous regardez à nouveau le graphique de Prisa que nous avons vu au point 2.1.1, vous verrez que dans ce cas, la Résistance ne s'est pas affaiblie chaque fois que les prix l'ont atteinte, mais au contraire, elle est devenue de plus en plus forte. Les fondamentaux de l'entreprise se détérioraient à grande vitesse, et c'est pourquoi la Résistance non seulement n'a pas rompu, mais s'est renforcée au fil du temps, de sorte que le cours de l'action est tombé aux 0,28 euros auxquels il se trouvait au moment de l'impression de ce graphique.

Il n'est donc pas vrai que la force du support et de la résistance diminue toujours avec le temps. Mais parfois, c'est le cas, et pour cela, vous devez tenir compte de la valeur fondamentale de la société que vous analysez, ainsi que de la situation générale du marché et de l'économie à ce moment-là.

Ce graphique de Coca Cola au début des années 1990 le montre très clairement :

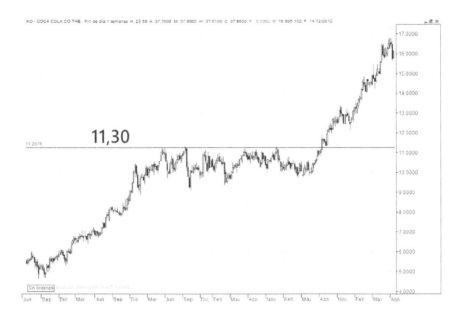

Coca Cola était en hausse depuis de nombreuses années, mais au milieu de l'année 1992, cette hausse a été stoppée à environ 11,30 dollars. À cette époque, pour une raison quelconque, le marché considérait ce prix comme trop élevé, et il n'y avait pas d'investisseurs prêts à payer davantage. À l'époque, pour une raison ou une autre, le marché a considéré que ce prix était trop élevé, et aucun investisseur n'était prêt à payer davantage. L'entreprise avait encore de bonnes perspectives d'avenir, mais à court terme, le marché ne les a pas jugées suffisamment bonnes pour continuer à payer un prix toujours plus élevé pour les actions Coca Cola.

Jusqu'à la fin de 1993, il s'est approché de cette zone à plusieurs reprises, mais n'a pas réussi à la franchir et est retombé. Jusqu'à la mi-1994, où elle l'a franchi et a continué à augmenter.

Deux choses influencent la rupture d'une résistance comme celle-ci.

La première est que **les fondamentaux de l'entreprise et ses perspectives d'avenir s'améliorent au fil du temps** (quand c'est le cas, bien sûr), de sorte que ce qui, à un moment donné, semble cher à

11,30 dollars, quelques années plus tard ne semble pas si cher. Et elle peut même sembler bon marché, ce qui attire de nombreux nouveaux acheteurs pour "remplacer" ceux qui ont été "piégés" au début, lorsque la Résistance s'est formée.

L'autre facteur est un peu plus ambigu, mais bien réel. Il s'agit du **déclin des stocks "piégés" au fil du temps**, pour diverses raisons.

Dans ce cas, par exemple, la plupart des personnes qui ont acheté Coca Cola au milieu de l'année 1992 étaient probablement des investisseurs qui s'appuyaient davantage sur l'émotion que sur la raison, dont les pensées pouvaient se résumer à "Coca Cola a beaucoup monté, je vais acheter rapidement, sans m'intéresser aux valorisations, avant qu'il ne monte plus haut".

Ces acheteurs sont ceux qui forment la Résistance, car ce sont ceux qui veulent gagner de l'argent rapidement. Et s'ils n'y parviennent pas, ils se sentent frustrés et veulent simplement se retirer de l'affaire, sans se demander s'il est préférable pour leur patrimoine de vendre et d'"oublier", ou de conserver les actions à long terme.

Au fil du temps, ces acheteurs finissent par vendre.

Certains vendront à d'autres acheteurs semblables à eux dans la même zone de résistance, de sorte que la force de la résistance est maintenue, car nous avons seulement échangé Joseph contre Jean, mais il y a encore 1 000 actions, par exemple, "piégées" dans cette résistance.

Mais d'autres vendront un peu plus bas, perdant ainsi un peu d'argent. Dans de nombreux cas, ces actions achetées à 9-10 dollars peuvent être achetées par des investisseurs à plus long terme, qui n'ont pas l'intention de vendre au point de résistance, car leurs attentes sont au-delà de 11 dollars. Ainsi, la force de la résistance est réduite, car les 1 000 actions que Joseph a vendues à Jean appartiennent maintenant à Pierre. Joseph et Jean voulaient vendre à

11 dollars, **mais Pierre ne prévoit pas de vendre lorsque le prix de l'action atteindra 11 dollars.** C'est la différence, et c'est pourquoi la force des Résistances, dans ces cas, diminue. Il y aura également des investisseurs à long terme qui achèteront à 11 $ à des investisseurs piégés à 11 $, et dans ces cas, la force de la Résistance est également réduite, car le nouvel acheteur ne va pas vendre lorsque le prix revient à 11 $. Bien qu'il n'existe aucun moyen de mesurer le nombre d'actions "piégées" à un moment donné sur une résistance donnée, cet effet est important.

Lors de l'"attaque finale" contre la Résistance, le nombre d'actions piégées a fortement diminué, et un grand nombre d'acheteurs apparaissent, qui prennent leurs décisions principalement sur la base de la raison, et qui ont détecté que l'entreprise est bon marché.

Il est important que vous voyiez que le cas que je viens d'expliquer fait référence à la Résistance à long terme, car les données fondamentales de l'entreprise ont été impliquées dans ce processus, qui s'est amélioré au fur et à mesure que l'entreprise a présenté des résultats trimestriels, etc. En d'autres termes, cette façon d'affaiblir la résistance au fil du temps est facile à comprendre.

Mais les résistances s'affaiblissent également sur des périodes plus courtes. Une résistance qui s'est formée en mai autour de 10 euros peut être rompue en juin, faisant monter le prix à 12 euros, puis retomber à 7 euros en juillet. Ce mouvement, logiquement, n'est pas cohérent avec l'explication que nous avons vue pour Coca Cola, car au cours de ces quelques mois, les fondamentaux de l'entreprise n'ont pas tellement changé, d'abord pour le meilleur, puis pour le pire.

Dans les mouvements à plus court terme, les résistances peuvent également s'affaiblir avec le temps, mais il est beaucoup plus difficile de l'estimer, car ces délais sont influencés par des choses plus importantes (à court terme, pas à long terme), comme les émotions des investisseurs, les flux d'argent, l'arbitrage, etc. Dans certains cas, ils peuvent s'affaiblir, dans d'autres se renforcer, à mesure que le nombre de stocks "piégés" augmente.

La chose la plus importante à comprendre, pour un investisseur à moyen et long terme, est que lorsqu'une résistance s'oppose aux fondamentaux d'une société (qui sont en hausse), chaque fois que le prix s'approche de la résistance, les chances qu'elle soit brisée augmentent.

Quelque chose de similaire se produit avec les Supports, et je pense que pour bien le comprendre, la meilleure façon est d'utiliser le même graphique Coca Cola, mais maintenant avec le Support dessiné:

En même temps que ce que nous avons vu se produire avec la résistance de $11.30, un support s'est formé à $9.70. Mais contrairement à ce qui s'est passé avec la résistance, ce support s'est renforcé. Parce qu'à chaque fois qu'il a été touché, le marché dans son ensemble a constaté que ce prix était de moins en moins cher.

Le prix tombe sur le support de 9.70 dollars pour la première fois au point A. Nous voyons qu'au point B il franchit le support, tombant presque à 9 dollars. Un peu plus tard, au point C, il franchit également le support, mais un peu moins, à 9.40 dollars.

Au point D, la chute s'arrête déjà à 9,70 dollars, et aux points E et F, elle ne tombe même pas à 9,70 dollars, restant légèrement au-dessus.

Comme nous pouvons le voir, le support est devenu de plus en plus fort, **car la valeur réelle de Coca Cola (en raison de ses fondamentaux) augmentait régulièrement**, et au point F, elle était plus élevée qu'au point A.

Dans le même graphique, nous avons vu un cas de résistance de plus en plus faible et un cas de support de plus en plus fort. **Parce que le support était en faveur de l'évolution de la valeur réelle de Coca Cola, tandis que la Résistance était contre l'augmentation de la valeur de Coca Cola**, jusqu'à ce qu'elle ne puisse plus résister à la pression de la réalité et se brise.

Revenons maintenant au graphique Prisa, pour voir l'exemple inverse :

Dans ce cas, ce qui se passait, c'était que la valeur de Prisa diminuait, en raison des problèmes de son entreprise, qui augmentaient.

Ici aussi, le prix a cassé là où les fondamentaux "disaient" qu'il le ferait. La résistance à 16 euros (environ) est devenue de plus en plus forte, et le support à 11,60 euros (environ) est devenu de plus en plus faible.

Comme vous pouvez le constater, **l'augmentation ou la diminution de la fiabilité du support et de la résistance sur des périodes de temps moyennes et longues dépend des fondamentaux de l'entreprise**. Cela signifie que le passage du temps rend parfois le support et la résistance plus forts et parfois plus faibles.

Sur des périodes courtes, la même chose se produit, lorsqu'un support ou une résistance est touché plusieurs fois, parfois il devient plus fort, et d'autres fois plus faible. Ce qui se passe, c'est qu'à court terme, il est beaucoup plus difficile de détecter les causes qui, à chaque moment, font que le support ou la résistance se renforce ou s'affaiblit, et c'est pourquoi il est plus difficile de le prévoir à l'avance.

2.1.5 Les supports deviennent des résistances une fois brisés, et vice versa

Nous le verrons avec le graphique Prisa :

Les personnes qui ont acheté près du support de 11,60 ont pensé qu'elles achetaient à bas prix. Certains ont vendu sur le chemin de la résistance de 16 €, avec un bénéfice.

Mais d'autres s'attendaient à vendre plus cher, et n'ont pas vendu. Lorsque le support est clairement cassé et que le prix tombe à 8 euros, ces personnes qui ont acheté vers 11,60-12 euros ont le sentiment de s'être trompées, et **changent leur objectif**. Elles ne s'attendent plus à vendre à plus de 16 euros, mais sont **satisfaites de ne pas perdre**. Ainsi, lorsque le cours de l'action remonte aux alentours de 11,60 euros (zone grisée), ces personnes vendent leurs actions pour sortir de l'opération sans pertes, **transformant ce qui était auparavant un support en une résistance**.

Comme vous pouvez le constater, le fait que le support devienne une résistance est facile à comprendre. Beaucoup de gens pensent que l'analyse technique est quelque chose d'"ésotérique", mais elle a une base très réelle. Dans ce cas, il est évident que ce qui fait que le support devient Résistance est le **changement de mentalité d'un groupe de personnes**. Un prix qui leur semblait auparavant bon marché, et qu'ils ont donc acheté à ce prix, leur semble maintenant cher, en raison de l'évolution des événements, et au lieu d'acheter plus d'actions, ils vendent celles qu'ils ont déjà.

Et il en va de même pour les résistances qui deviennent des supports une fois brisées, comme nous allons le voir dans le tableau de Coca-Cola :

Dans ce cas, si vous vous souvenez, nous avons dit que les investisseurs qui avaient acheté dans la zone de résistance, autour de 11,30 dollars à la mi-1992, voulaient vendre Coca Cola sans perdre d'argent, et l'"oublier", au moins jusqu'à ce qu'ils puissent l'acheter moins cher.

Mais lorsque la Résistance a éclaté au milieu de l'année 1994, la mentalité de beaucoup de ces personnes a changé, car elles ont commencé à penser qu'elles avaient eu tort de vendre, car elles avaient attendu longtemps avec des actions Coca Cola en leur possession, et **juste au moment où il semblait que la hausse qu'elles attendaient depuis des mois**, voire des années, était sur le point de **commencer**, elles **n'avaient plus d'actions Coca Cola**. Elles avaient **de l'argent liquide**, car elles venaient de le recevoir de la vente de leurs actions Coca Cola.

Ce que pensent maintenant beaucoup de ces personnes : "Si je pouvais racheter au prix auquel j'ai vendu, en gros, je le ferais".

Cela signifie que **les mêmes personnes qui, jusqu'à récemment, vendaient Coca-Cola à 11,00-11,50 $ veulent maintenant acheter Coca-Cola à 11,00-11,50 $, et elles ont l'argent pour le faire** (parce qu'elles l'ont obtenu récemment lorsqu'elles ont vendu leurs actions Coca-Cola). C'est ce changement de mentalité de nombreuses personnes en même temps qui fait de ce qui était une Résistance un support.

C'est la psychologie et la mémoire qui créent le support et la résistance. Par conséquent, lorsque la psychologie des personnes qui ont créé les supports ou les Résistances fait un virage à 180º, **les graphiques reflètent ce changement de mentalité**, transformant les supports en Résistances, et les Résistances en supports.

Un cas particulier de supports et de Résistances est celui des **chiffres ronds**, où il n'y a pas eu beaucoup de transactions dans le passé, et qui ne devraient donc être, d'après ce que nous avons vu jusqu'à présent, ni des supports ni des Résistances. Par exemple, les 1 000 points d'un indice, ou 2 000, 3 000, 5 000, 10 000, etc. Il arrive qu'un indice augmente régulièrement et que, soudainement, lorsqu'il atteint un chiffre rond, comme 10 000 points, il s'arrête, sans qu'il y ait apparemment de Résistance significative dans cette zone. La raison en est que les chiffres ronds ont un impact particulier sur la psychologie humaine. C'est pourquoi les grands magasins n'indiquent jamais leurs prix en chiffres ronds, mais un peu plus bas. Ils ne vendent pas les choses à 100 euros, mais à 99,95 euros, par exemple. Et parfois les gens font des blagues à ce sujet, mais ça marche. C'est pourquoi ils le font depuis des décennies. La même chose se produit parfois dans le cas des supports. Et tout comme cela se produit avec les indices, cela peut se produire avec les actions, bien que cela soit plus typique des indices, car lorsque les indices approchent de ces chiffres ronds, il y a généralement beaucoup d'articles, de titres, de premières pages, etc. montrant le chiffre rond en question, souvent en gros caractères, et il y a beaucoup de discussions pour savoir si à ce prix l'indice est cher ou bon marché. Et tout cela a un impact évident sur la psychologie de la plupart des investisseurs.

2.1.6 Pullbacks

Un Pullback est un mouvement de retour vers une ligne qui a été cassée récemment. Cette "ligne" peut être un support ou une résistance, comme nous venons de le voir, ou d'autres figures que nous verrons plus tard, comme les lignes de tendance, les bases de triangles, etc. En général, toute ligne de l'une des figures que nous verrons dans ce livre qui a été cassée peut avoir un Pullback après la cassure.

Les pullbacks sont, s'ils se comportent comme prévu (comme pour toutes les autres figures), **la "dernière chance" pour ceux qui ont fait une erreur**.

Nous avons vu un Pullback dans le cas de Prisa et un autre dans le cas de Coca Cola.

Le Pullback dans le cas de Prisa est la hausse de 8 euros à 11.60 que j'ai marqué avec une zone ombragée. Dans le cas de Coca Cola, c'est aussi la zone d'ombre, le retour à l'ancienne Résistance qui est maintenant un Support.

Ils constituent la "dernière chance" car, comme nous l'avons vu, **ils sont le point où de nombreuses personnes qui viennent de changer d'état d'esprit atteignent leur nouvel objectif** (sortir sans pertes dans le cas de Prisa, ou rentrer sur ce qui semble être la "bonne" hausse dans le cas de Coca Cola).

Par conséquent, lorsqu'un Pullback se produit, il faut s'attendre à ce qu'après le Pullback, le prix revienne sur le chemin de la ligne qui a été cassée. C'est-à-dire qu'elle baisse à nouveau dans le cas de Prisa, et augmente à nouveau dans le cas de Coca Cola. Parce que les ventes dans cette zone signifient plus de pression à la baisse pour Prisa, tandis que les achats dans cette zone signifient plus de pression à la hausse pour Coca Cola.

2.2 Tendances

2.2.1 Que sont les tendances ?

La tendance est la "direction" dans laquelle se dirige un prix. Les trois principaux types de tendances sont haussiers, baissiers et latéraux.

Ce graphique quotidien de Ferrovial montre une tendance à la hausse :

Analyse technique et chandeliers japonais pour les investisseurs à moyen et long terme

La ligne de tendance d'une tendance à la hausse est tracée en joignant les points bas que le prix atteint lorsqu'il monte, comme le montre le graphique ci-dessus.

Dans cet autre graphique de Ferrovial, nous voyons une tendance baissière :

Les lignes de tendance à la baisse sont tracées en joignant les sommets formés par le prix pendant sa chute.

Dans cet autre graphique, nous observons une tendance latérale de Mapfre :

Les tendances latérales se produisent lorsqu'un prix évolue entre une résistance et un support, sans les franchir.

D'autres types de tendances, un mélange des précédentes, sont les tendances latérales à la hausse et latérales à la baisse. Il s'agit de tendances latérales dans lesquelles les limites entre lesquelles le prix évolue ne sont pas des supports et des résistances parfaitement (ou presque) horizontaux, mais des lignes légèrement inclinées vers le haut (dans le cas des tendances latérales ascendantes) ou vers le bas (dans le cas des tendances latérales descendantes).

Les lignes de tendance à la hausse fonctionnent comme des supports, et les lignes de tendance à la baisse fonctionnent comme des résistances. Dans le cas des tendances latérales, puisqu'il s'agit de mouvements entre Support et Résistance, il est clair qu'il en va de même.

Lorsque l'une de ces lignes est clairement brisée (il ne suffit pas qu'elles soient légèrement croisées), la tendance cesse d'être ce qu'elle était et une nouvelle tendance s'amorce.

La rupture d'une tendance à la hausse peut conduire à une tendance à la baisse ou à une tendance latérale.

La rupture d'une tendance baissière peut conduire à une tendance haussière, ou à une tendance latérale.

Et la rupture d'une tendance latérale peut laisser place à une tendance à la hausse ou à la baisse, ou encore à une nouvelle tendance latérale, entre différents niveaux de Support et de Résistance. Par exemple, une tendance latérale entre 9 et 11 dollars peut se briser pour laisser place à une nouvelle tendance latérale entre 11 et 13 dollars, ou entre 6 et 9 dollars.

Il est très important de savoir qu'**une action peut avoir plusieurs tendances en même temps**, et c'est même très souvent le cas. Par exemple, Nike peut être dans une tendance baissière (quelques jours), mais aussi dans une tendance latérale (quelques mois) et dans une tendance haussière (quelques années).

Vous verrez de nombreuses analyses disant qu'une certaine action est dans une tendance à la hausse, et vous pensez que la tendance est en fait à la baisse, ou l'inverse. Cette analyse parle probablement d'un horizon temporel (des semaines, par exemple) et vous parlez d'un autre (des années, par exemple), et **les deux ont raison**. Gardez à l'esprit que la plupart des analyses dans les médias et sur les sites web sont à court terme, de sorte que dans de nombreux cas, elles peuvent dire le contraire d'une analyse à moyen ou long terme, et les deux sont justes.

Il est également possible de tracer des lignes de tendance baissière à travers les points bas, car parfois cette ligne agit comme une zone de support, comme nous le voyons dans cet exemple d'ACS :

De même, il est possible de tracer des lignes de tendance haussière à travers les sommets, car ils servent parfois de zones de résistance, comme nous pouvons le voir dans ce graphique de Duro Felguera :

2.2.2 Est-il judicieux d'acheter lorsque la tendance est à la baisse, ou de vendre lorsqu'elle est à la hausse ?

Toutes les tendances appartiennent au passé. Il est courant d'utiliser l'expression "nous sommes dans une tendance à la hausse / à la baisse / latérale" mais la chose correcte à dire serait "nous avons été dans une tendance à la hausse / à la baisse / latérale jusqu'à il y a un moment, mais nous ne savons pas si dans une seconde la tendance sera la même, ou changera".

Lorsqu'une action atteint un sommet, elle est toujours dans une tendance à la hausse.

Et chaque fois qu'une action atteint un creux, elle est toujours dans une tendance à la baisse.

Mais, dans les deux cas, **une seconde après ce haut ou ce bas, la tendance change**.

Le dicton "toujours suivre la tendance" est très courant dans le domaine du trading. C'est un dicton qui, je pense, est tout à fait correct pour le trading. Cependant, le trading et l'investissement à moyen et long terme sont deux choses très différentes, et ce qui fonctionne dans l'un peut ne pas fonctionner dans l'autre.

La plupart des meilleurs moments pour acheter dans le cadre d'investissements à moyen et long terme sont ceux où la tendance est à la baisse. Et la plupart des meilleurs moments pour vendre dans les investissements à moyen terme se produisent lorsque la tendance est à la hausse.

J'utilise l'expression "beaucoup" au lieu de "tous" pour les raisons suivantes. Supposons qu'une entreprise chute de 10 euros à un minimum de 5,10 euros. Il est tout aussi bon d'acheter à 5,11 euros au moment où la tendance baissière est sur le point de se terminer que d'acheter à ces mêmes 5,11 euros quelques secondes plus tard, alors que la nouvelle tendance haussière vient de commencer.

En pratique, et en suivant cet exemple, le fait qu'une tendance à la hausse a commencé ne sera reconnu que bien plus tard, des semaines ou des mois plus tard, de sorte que le premier achat à 5,11 euros (lorsque la baisse est sur le point de se terminer) et le second achat à ce même 5,11 euros (quelques secondes plus tard, lorsque la hausse vient de commencer) seront effectués dans un environnement de **"nous sommes dans une tendance à la baisse"**.

Par conséquent, pour les investisseurs à moyen et long terme, **les meilleurs achats se font dans une tendance à la baisse**, et les meilleures ventes dans une tendance à la hausse.

Plus une tendance est avancée, plus il est facile de la repérer, mais plus il est probable qu'elle touche à sa fin.

À l'inverse, lorsqu'une tendance vient de naître, elle est plus difficile à repérer, mais les avantages potentiels sont plus importants.

Il n'est pas facile, en fait il est presque impossible, de détecter ces 5,10 euros dans l'exemple précédent. Mais je pense qu'il est très important de souligner cette question parce que le conseil de "ne jamais acheter dans une tendance baissière" (qui comme je l'ai dit semble correct pour le trading à court terme) est souvent étendu à tout type d'investisseur en Bourse, quelle que soit sa stratégie, et pour moi, cela ne me semble pas si correct.

Cette confusion n'est pas une question "philosophique", ni une nuance mineure, mais une question très importante. Parce que c'est ce **qui pousse de nombreux investisseurs à moyen et long terme à acheter près des sommets** (lorsque la tendance est "très haussière" et que les recommandations d'achat, pour les traders à court terme, sont très fortes) **et à vendre près des creux** (lorsque la tendance est "très baissière" et que les traders à court terme recommandent de ne pas acheter sous aucun prétexte, voire de prendre des positions baissières, de vendre à crédit, etc.)

Les traders à court terme utilisent toujours des stop-loss (ou du moins ils le devraient), alors que les investisseurs à long terme n'en utilisent pas (notre "équivalent" pour la protection du patrimoine est la diversification). Les traders à moyen terme peuvent ou non utiliser des stop-loss, en fonction de la stratégie spécifique à moyen terme, car il en existe une grande variété.

Chaque forme d'investissement a ses propres caractéristiques et particularités. Les choses qui sont correctes dans les transactions à court terme sont une grave erreur dans les investissements à moyen et long terme. Et les choses qui sont justes dans les investissements à moyen et long terme sont une grave erreur dans le trading.

Avant d'écouter les recommandations de quelqu'un, renseignez-vous sur sa stratégie, ses objectifs, etc. car ils peuvent être très différents des vôtres.

Lorsque vous voulez acheter une action qui est dans une tendance à la hausse, vous devez le faire aussi près que possible de la ligne de tendance.

2.2.3 Quelle est la signification de la pente des tendances ?

Les lignes de tendance haussière ou baissière sont des lignes inclinées, et ont donc ils ont une pente.

En principe, plus une tendance est légère, plus elle a de chances d'être durable. Comme la plupart des choses dans l'analyse technique, ceci a également une explication très logique.

Lorsque les gens gagnent beaucoup d'argent très rapidement, ils ont tendance à vendre pour "bloquer" ces gains. Si ce gain est plus lent, les gens sont plus susceptibles d'être plus patients pour gagner plus d'argent à l'avenir.

Gagner beaucoup d'argent en peu de temps est quelque chose que l'esprit humain classe comme quelque chose d'exceptionnel qui "peut prendre fin à tout moment". Alors que **gagner de l'argent à un rythme plus logique et raisonnable est considéré comme quelque chose de plus normal, qui peut être prolongé dans le temps**.

Une ligne de tendance à la hausse avec une pente très forte est la "trace" qui nous indique que beaucoup **de personnes ont gagné beaucoup d'argent dans une période de temps relativement courte**. Il faut donc s'attendre à ce que ces personnes soient de plus en plus disposées à vendre, afin de "verrouiller" ces gains.

Alors que si la pente ascendante est plus douce, nous savons que les **propriétaires de ces actions considèrent leurs gains comme plus normaux**, ce qui peut se prolonger dans le temps. Et par conséquent, ils seront moins pressés de vendre.

À très long terme (graphiques mensuels sur de nombreuses années), **il est logique que les entreprises dont la croissance des bénéfices est plus élevée aient également une tendance à la hausse plus marquée**. En effet, plus les bénéfices augmentent, plus la valeur réelle des entreprises augmente et, par conséquent, il est logique que les prix augmentent plus rapidement, en fonction de cette croissance plus élevée.

Dans les tendances à moyen terme, l'évolution de l'activité de l'entreprise est également importante. Ce n'est pas la même chose des prix qui augmentent en même temps que les bénéfices, que des prix qui augmentent alors que les bénéfices stagnent ou même baissent.

Il est clair que lorsque la hausse des prix est soutenue par la hausse des bénéfices, la tendance est plus durable. C'est pourquoi il est important **de prêter attention au rythme de la croissance des prix et des bénéfices**.

Si les prix des actions augmentent plus rapidement que les bénéfices, il est probable qu'il y aura une certaine baisse à l'avenir pour corriger ce décalage. Si les bénéfices augmentent plus rapidement que les prix des actions, et que la croissance des bénéfices est soutenue, il est logique que les prix des actions augmentent encore plus à l'avenir.

Par exemple, si les bénéfices d'une société augmentent en moyenne de 10 % au cours des dernières années, et que l'on s'attend à ce qu'ils continuent plus ou moins à le faire, mais que le prix des actions augmente dans le même temps de 20 % en moyenne, même si la société se porte bien et est susceptible de continuer à se porter bien, nous devrions nous attendre à des baisses à l'avenir, car le prix serait supérieur à la valeur des actions de cette société.

Si la société de l'exemple ci-dessus a connu une augmentation du prix de l'action de 5 % au cours des dernières années, il serait logique que l'augmentation future du prix de l'action s'accélère, puisque dans ce cas, le prix de l'action est en retard sur la valeur des actions.

Il en va de même pour les tendances baissières, mais pour des raisons différentes.

Si nous examinons des entreprises dont les activités se détériorent, la pente descendante peut être très forte, et nous ne devons donc pas nous attendre à des hausses futures, ni à un ralentissement du déclin. Ces sociétés devraient être évitées par les investisseurs prudents et ne devraient jamais être achetées "pour tâter le terrain", car "elles sont déjà tombées si bas et si vite qu'elles doivent remonter à un moment donné". Ces entreprises ne se relèveront peut-être jamais du niveau où il semblait qu'elles ne pouvaient pas tomber plus bas. Ou ça peut prendre des décennies pour le faire. Si la détérioration de l'activité s'accélère, une pente descendante déjà forte peut devenir encore plus raide, voire aussi raide qu'une pierre tombant en ligne droite.

Dans le cas des entreprises qui ont un avenir mais qui connaissent des problèmes temporaires (dus à des questions commerciales ou à l'état général de l'économie), **le facteur qui détermine la vitesse de la chute est en grande partie la peur**, ainsi que la valeur réelle des actions de l'entreprise.

D'une part, il y a la différence entre le prix d'une action et sa valeur réelle. La "valeur réelle" est ce que tout le monde aimerait savoir, mais que personne ne connaît exactement.

Supposons qu'à un moment donné, une action se négocie à 15 euros, et que sa valeur réelle est de 13 euros. La logique voudrait que le prix de l'action baisse. En principe, il semble logique de tomber à 13 euros, sa "juste" valeur, mais il est normal que les mouvements soient exagérés, tant d'un côté que de l'autre. Au lieu de tomber à 13 euros, il est plus probable qu'il tombe dans la zone des 10-12 euros. Passer rapidement de la joie à la tristesse est typique de l'être humain, et c'est un peu le cas des sentiments concernant la surévaluation ou la sous-évaluation d'une entreprise. Ceci est aggravé par le comportement typique des traders à court terme, qui suivent généralement les tendances sans regarder les données fondamentales, créant ainsi de tels déséquilibres à la hausse et à la baisse, qui sont ensuite corrigés (également avec l'aide de ces mêmes traders, qui prennent la position opposée à celle qu'ils avaient précédemment). Ces déséquilibres sont favorables aux investisseurs à moyen et long terme, car ils créent des opportunités d'achat et de vente qui ne se présenteraient pas autrement.

Disons qu'il s'agit de la partie " raisonnable " des chutes : corriger une surévaluation de l'action.

Mais dans de nombreux cas, après la chute "raisonnable" vient la chute "irrationnelle", qui est **causée uniquement et exclusivement par la peur de la majorité des investisseurs.**

Que l'entreprise de l'exemple, qui avait une valeur réelle de 13 euros, tombe à 10-12 euros est raisonnable et logique. Entre autres parce que le fait qu'il ait une valeur réelle de 13 euros est un peu un "piège", puisqu'en réalité nous ne savons pas quelle est cette valeur réelle, et qu'il n'y a nulle part où la consulter. Dans cet exemple, nous avons supposé que nous disposions d'un "appareil de mesure de la valeur" qui nous avait dit que, dans ce cas, la "juste" valeur était de 13 euros. Et cette "astuce" nous a permis de comprendre ce type de mouvements, mais pensez qu'en réalité nous ne disposons pas de ces données, ni nous ni personne d'autre. Ainsi, certaines personnes penseront que la "juste" valeur est de 13 euros, d'autres de 14 euros et d'autres de 11 euros. Nous devons considérer les choses d'un point de vue aussi objectif que possible, et **réaliser que nous ne saurons jamais quelle est cette juste valeur. Nous devons** donc **continuellement accepter que les entreprises puissent valoir un peu**

plus ou un peu moins que ce que nous pensons. Comme tous les autres investisseurs, quelle que soit leur **qualité**.

Mais lorsque les prix chutent bien au-delà de ce qui est raisonnable, ce ne sont pas les opinions raisonnées des autres investisseurs qui provoquent le mouvement, mais la peur de ces autres investisseurs.

Et la peur s'accélère jusqu'à ce qu'elle atteigne une limite, **car c'est la nature humaine**. Une fois cette limite atteinte, la peur commence à descendre, sans qu'il y ait une explication précise des raisons exactes pour lesquelles cela se produit. Nous pourrions comparer cette limite au moment où le coup de sifflet marque la fin du match, le moment où la joie de certains supporters monte au maximum tandis que celle des autres tombe au minimum. Il semble qu'il s'agisse d'un mécanisme de défense de l'être humain, destiné à empêcher la personne en proie à la panique d'"éclater". Le fait est que plus la peur est grande et plus les chutes s'accélèrent, plus la **fin de ces chutes est proche**. L'explication technique de ce fait se trouve dans la section "8.1 Comment se forment les prix des actions et comment se créent les minimums et maximums du marché" de mon livre "Comment investir en Bourse à long terme en partant de zéro".

Ce qui doit être clair, c'est que lorsqu'une entreprise de **qualité** entre dans une chute irrationnelle, **plus la pente est forte et plus la chute est rapide, plus la fin de la chute est proche**. Le problème est que nous ne pouvons pas mesurer le niveau de la peur pour savoir si elle est "beaucoup", "assez", "très", etc. en ce moment. Mais il est important de savoir comment fonctionne la peur chez les autres, afin de ne pas se laisser entraîner par elle, et d'acheter lorsque la peur des autres est élevée, même si nous ne touchons pas le point de peur maximale, qui coïncide avec le minimum de la chute, comme je l'explique dans la section que je viens de citer de mon livre sur l'investissement boursier à long terme.

2.2.4 Pullbacks sur les lignes de tendance

Comme nous l'avons vu en parlant de support et de résistance, chaque fois qu'une ligne est cassée, un pullback peut se produire, et les lignes de tendance ne font pas exception.

Ce graphique d'Endesa en fournit un exemple :

Endesa atteint un sommet autour de 23,50 euros et à partir de là commence une tendance à la baisse, définie par la ligne inclinée vers le bas.

Après avoir atteint un plus bas autour de 11 euros, il commence à remonter, mais la tendance baissière ne se termine "officiellement" que lorsque cette ligne de tendance baissière est cassée, dans la zone que j'ai marquée d'une ombre plus foncée (la plus à gauche). La ligne de tendance s'interrompt à environ 18 euros, loin du creux de 11 euros.

La hausse qui conduit Endesa à briser cette ligne de tendance baissière est assez nette et prononcée. Comme nous l'avons vu, cela indique que "beaucoup de gens ont gagné beaucoup d'argent assez rapidement", ce qui conduit généralement à la vente.

Dans ce cas, après avoir atteint un sommet près de 21,50 euros, une chute commence, qui s'arrête juste au niveau de la ligne de tendance qui avait été cassée, dans la zone que j'ai marquée d'une ombre plus claire (celle de droite). Cette ombre plus claire est le Pullback, et c'est une bonne zone pour acheter.

Lorsqu'un Pullback sur une ligne de tendance baissière se produit, le Pullback est en dessous du point où la ligne de tendance baissière a été cassée, en raison de la pente descendante de la ligne de tendance baissière. Lorsque la ligne de tendance est brisée, nous constatons que la tendance baissière est terminée, mais le pullback est un meilleur point d'achat que le point de rupture. Ce qui se passe, c'est que le Pullback ne se produit pas toujours, et au moment où la ligne de tendance baissière est cassée, personne ne nous dit si cette fois-ci il va y avoir un Pullback ou non. Mais lorsqu'il y a un Pullback et qu'il est détecté, c'est un bon point d'achat.

Examinons maintenant le même graphique avec d'autres figures pour revenir à la question de savoir si la tendance est haussière ou baissière.

Comme nous l'avons vu, la tendance baissière s'est "officiellement" terminée à la rupture de la ligne de tendance baissière autour de 18 euros. Mais si nous regardons un peu plus loin sur le graphique :

nous verrons une tendance à la hausse (ligne ascendante), à partir du bas près de 11 euros.

L'ombre la plus grande (celle du bas) est la zone "controversée". Dans cette ombre plus large, **la tendance est-elle baissière ou haussière ?** Au moment où cette ombre plus grande était présente, la plupart des analyses diraient qu'Endesa était toujours baissière parce qu'elle était toujours en dessous de la ligne de tendance baissière, avait toujours des sommets en baisse, etc.

Mais, avec le temps, nous constatons que l'ombre la plus grande fait également partie de la tendance haussière ultérieure. Alors, l'ombre la plus grande **appartient-elle à la tendance à la baisse ou à la tendance à la hausse ?**

C'est pourquoi j'ai dit précédemment qu'à moyen et long terme, il est correct d'acheter lorsque la tendance est encore à la baisse. L'important est d'acheter à bas prix, et pour cela l'analyse technique et les chandeliers devraient être une bonne aide. Mais l'**analyse**

fondamentale doit toujours être supérieure à l'analyse technique, sans aucun doute.

Les replis sur des lignes de tendance haussière brisées ne sont pas très utiles pour les investisseurs à long terme car ils constituent des points de vente :

Comme nous le voyons dans cet exemple de Mapfre, le Pullback vers la ligne de tendance haussière cassée est un bon point de vente pour un investisseur à moyen terme.

Un investisseur à long terme doit se limiter à ne pas acheter, et attendre des baisses significatives avant de commencer à le faire.

2.2.5 Que sont les canaux de tendance ?

Les canaux de tendance sont formés par une ligne de tendance et une autre ligne qui lui est parallèle. Dans le cas des canaux de tendance haussière, la ligne parallèle est tracée en joignant les sommets relatifs :

Les considérations que l'on peut faire pour les Canaux sont les mêmes que pour les lignes de tendance, avec l'"ajout" de la ligne parallèle.

La ligne de tendance à la hausse est la base ou le creux du canal, et la parallèle est le sommet du canal.

Le creux est une zone d'achat, et le sommet une zone de vente, car il fait office de résistance.

Avec la différence que, au fur et à mesure que le canal se développe, la zone de vente est plus claire au sommet du canal, mais la zone d'achat est moins claire au creux du canal, pour la même raison que nous avons évoquée en parlant des lignes de tendance ascendante. Les lignes de tendance ne sont pas infinies, et plus elles se développent, plus **elles sont claires, mais moins il leur reste de marge pour se transformer en tendance latérale ou baissière**.

En cas de doute, le logiciel que vous utilisez tracera une ligne parallèle parfaite là où vous le lui demanderez, donc vous n'avez pas besoin d'être un expert en dessin.

Nous pourrions dire que la ligne qui pourrait être tracée à mi-chemin entre le sommet et le creux du canal serait la "juste" valeur que le marché attribue à cette action à ce moment-là (avec de nombreuses nuances, car dans un canal à très court terme d'une entreprise surévaluée ou sous-évaluée, la "juste" valeur de cette action est très éloignée de ce canal, logiquement), le minimum du canal serait la zone de sous-évaluation, et le maximum du canal serait la zone de surévaluation.

Plus un canal est large, plus la tendance est forte. Les canaux étroits sont causés par l'indécision, car ni les acheteurs ni les vendeurs n'ont une opinion très différente de celle du côté opposé, et tout peut facilement provoquer la rupture du canal. Les canaux larges finissent également par se briser d'une manière ou d'une autre, logiquement, mais ils sont plus stables, car ils sont créés par des positions plus "ancrées", pour quelque raison que ce soit.

Dans les canaux baissiers, vous devriez essayer d'acheter aux creux, comme nous le voyons dans cet exemple de Ferrovial :

L'idéal est de toucher le dernier creux, bien sûr, mais vous devez garder en tête qu'il faut **acheter aux creux et éviter d'acheter aux sommets**. Les traders à court terme ouvrent des positions baissières (en utilisant un stop-loss) aux sommets des canaux baissiers. De même, dans les canaux baissiers, le creux fait office de support et le sommet fait office de résistance.

Afin d'essayer d'acheter sur le dernier creux et non sur les précédents, les divergences haussières des indicateurs sont utiles (mais pas infaillibles, comme toujours), comme nous le verrons ci-dessous.

Parfois, les prix sortent temporairement du canal, mais cela ne signifie pas que le canal est "annulé". Dans le cas des canaux baissiers, ces sorties des limites du canal peuvent être de très bonnes opportunités d'achat, car dans de nombreux cas, elles sont causées par la dernière panique des investisseurs les plus nerveux.

Voyons un exemple dans ce tableau d'Indra :

Comme toujours, les fondamentaux de l'entreprise doivent être pris en compte. Si une société dont les fondamentaux sont bon marché et qui se trouve au creux d'un canal baissier sort de ce canal dans un contexte de peur et de nervosité, nous sommes probablement en présence d'une excellente opportunité d'achat.

2.2.6 Établir des débouchés avec les canaux de tendance

Cette technique est utile pour les investisseurs à moyen terme, bien sûr, mais pas pour les investisseurs à long terme. Il est également bon pour les investisseurs à long terme d'en être conscients.

Calculez d'abord la hauteur du canal depuis la dernière dépression marquée dans le canal jusqu'au sommet du canal (ligne verticale la plus à gauche), puis projetez cette distance à partir du point où le canal a été rompu (ligne verticale la plus à droite) :

Le dernier creux a été fixé par Ferrovial à 2,30 euros. En traçant une ligne droite jusqu'au sommet du canal, nous avons coupé le sommet du canal à 4,86 euros. La différence est de 2,56 euros (4,86 - 2,30 = 2,56).

La rupture du sommet du canal se produit à 3,61 euros. Si nous ajoutons 2,56 à 3,61, nous obtenons 6,17 euros, ce qui est l'objectif minimum théorique que les prix devraient atteindre.

La raison profonde de ce phénomène n'est pas aussi claire pour moi que pour d'autres figures. L'explication théorique est qu'une fois que la mentalité des investisseurs se retourne, elle le fait avec au moins la même intensité que lorsqu'ils ont initié le mouvement précédent. Cette technique a un taux de réussite acceptable.

2.3 Figures graphiques

2.3.1 Qu'est-ce que des figures graphiques ?

Les figures graphiques sont la trace laissée par ces modèles de comportement humain que j'ai mentionnés au début. C'est le dessin qui formerait cet "appareil de mesure de la joie des supporters", s'il existait, lorsqu'il recueillerait des données sur ce niveau de joie en temps réel, et les reporterait sur un graphique.

En voyant cette figure sur une feuille de papier, nous verrions à un moment donné, par exemple, que le match vient de se terminer et quel en a été le résultat. Nous pourrions donc acheter ou vendre la joie des supporters d'une équipe ou d'une autre, car nous savons comment cette joie va très probablement évoluer à certains moments.

Il est très important de noter le "à certains moments". Comme nous l'avons vu avec l'exemple de la finale de la Coupe du monde 2010, il y a des moments où ce qui va se passer dans un avenir proche avec le niveau de joie des fans d'une équipe ou de l'autre est clair, et **d'autres moments où ce n'est pas clair du tout**.

Il en va de même pour le marché boursier. Il ne s'agit pas d'essayer de deviner ce que les cours de toutes les sociétés cotées en Bourse vont faire le lendemain. Il y a des moments où il semble tout à fait probable qu'une société en particulier va monter ou descendre dans un avenir proche, mais il y a aussi des moments où le graphique ne nous donne aucun indice utile, et **faire une prédiction basée sur ce que nous voyons sur le graphique semble aussi fiable que de tirer à pile ou face.**

Il ne s'agit pas de toujours essayer de deviner ce que toutes les entreprises que nous analysons vont faire demain, mais de rechercher les moments où les chances sont de notre côté. Lorsque la situation n'est pas claire, la prudence veut que l'on ne fasse rien et que l'on attende que la **situation se clarifie dans un sens ou dans l'autre**.

Aucune de ces figures ou modèles de comportement humain n'est infaillible. Ils ont un taux de réussite plus élevé qu'un tirage au sort, surtout lorsqu'ils sont combinés à une analyse fondamentale, et c'est un avantage très important.

2.3.2 Figures de retournement et de continuation

Les figures de continuation sont celles qui nous indiquent que la tendance antérieure à la formation de ces figures de continuation est susceptible de se poursuivre après la formation de cette figure de continuation. Par exemple, les Drapeaux et les Fanions sont des figures de continuation.

Si une tendance à la hausse est suivie d'un drapeau ou d'un fanion, il est probable que le drapeau ou le fanion se casse au-dessus et que la tendance à la hausse se poursuivra.

Si un drapeau ou un fanion apparaît après une tendance baissière, il est probable que le drapeau ou le fanion se casse en dessous, et que la tendance baissière continue.

Les figures de retournement sont des figures qui nous indiquent que la tendance précédente est très probablement terminée et qu'une nouvelle tendance est sur le point de s'amorcer. Leur nom est un peu trompeur, il serait peut-être plus significatif de les appeler quelque chose comme "figures de fin de tendance", car elles ne marquent pas toujours le passage d'une tendance haussière à une tendance baissière, ou d'une tendance baissière à une tendance haussière, car elles laissent souvent place à une tendance latérale.

L'épaule-tête-épaule et l'épaule-tête-épaule inversée ainsi que les doubles et triples tops et bottoms, par exemple, sont des figures de retournement.

Si une tendance haussière est suivie d'un double top, par exemple, une tendance baissière, ou latérale, est susceptible de s'amorcer.

Si un double bottom apparaît après une tendance à la baisse, par exemple, il est probable qu'une tendance à la hausse, ou une tendance latérale, va commencer.

Certaines figures peuvent être des figures de fond ou de continuation, selon l'endroit où elles sont formées et avec quelles caractéristiques, comme les Triangles et les Rectangles.

2.3.3 Gaps

Les gaps sont une fourchette de prix entre deux barres consécutives dans laquelle aucune transaction n'a été exécutée parce que les acheteurs et les vendeurs ne se sont pas mis d'accord pour acheter et vendre des actions à ces prix.

Cela signifie qu'il y a eu un déséquilibre brutal entre l'offre et la demande, pour une raison ou une autre.

Il y a quatre types de Gaps :

    1)   **Gaps communs :** Ce sont les plus courants. Ils sont généralement provoqués par une nouvelle que le marché dans son ensemble considère d'abord comme très importante. Une fois la nouvelle analysée plus calmement, on considère qu'elle n'était pas aussi importante qu'elle le semblait, et qu'elle ne va

pas avoir un impact aussi important que prévu sur les activités de l'entreprise. C'est pourquoi ils ont tendance à fermer. En d'autres termes, il y a un mouvement dans la direction opposée des prix, et après quelques jours ou semaines, des transactions sont croisées dans cette fourchette de prix dans laquelle aucune transaction n'a été croisée le jour où le gap s'est formé. Les gaps communs sont similaires à ce qui se passe lorsqu'un cycliste s'échappe du peloton et que, quelques minutes plus tard, il est rattrapé par le peloton, puis réintégré dans le peloton.

2) **Les gaps de rupture :** dans ce cas, la nouvelle ou l'événement qui est à l'origine du gap est vraiment important, et c'est pourquoi une nouvelle tendance démarre. C'est précisément pour cette raison qu'on les appelle "gaps de rupture", car ils marquent le début soudain d'une nouvelle tendance. Ces lacunes ne se referment généralement pas en quelques jours, mais il arrive qu'elles se referment (et ne perdent pas leur effet). Les gaps de rupture sont similaires à ce qui se passe lorsqu'un cycliste s'échappe du peloton et finit par gagner l'étape.

3) **Les gaps de continuation :** Ces gaps se produisent au milieu d'une tendance forte, la renforçant. Par exemple, une action est en hausse rapide et soudain "quelque chose" se produit qui accélère cette tendance, parce que la situation change pour le mieux, plus qu'elle ne l'était déjà, de manière abrupte. Ou dans l'autre sens, une action est en baisse et soudain un événement important accélère cette baisse. Le changement ne doit pas nécessairement porter sur les fondamentaux de l'entreprise. Il peut s'agir d'une augmentation intense de la cupidité ou de la peur des investisseurs, sans que rien de majeur n'ait changé dans les activités de l'entreprise. Supposons qu'à un moment donné, un petit groupe de cyclistes s'échappe du peloton et parvient à

prendre ses distances. Ce serait le gap de rupture que nous avons vu il y a un moment. Une fois que ce petit groupe roule seul, l'un des coureurs de ce petit groupe s'en détache et finit par gagner l'étape, dans ce qui serait l'équivalent du gap de continuation. En d'autres termes, le cycliste qui gagne l'étape s'échappe une première fois (gap de rupture), avec le petit groupe de cyclistes qui sont plus forts à ce moment-là, mais ce cycliste gagnant est si fort qu'il parvient à s'échapper une deuxième fois (gap de continuation), même du groupe des cyclistes les plus forts.

4) **Les gaps terminaux :** Ces gaps sont causés par une dernière poussée des émotions des investisseurs, qui atteignent un niveau très élevé à partir duquel ils commencent à se retirer. Par exemple, lors d'une hausse d'une entreprise motivée davantage par l'avidité des investisseurs que par les bonnes performances de l'entreprise, il se produit soudain un événement qui n'est pas vraiment très important, mais l'euphorie des investisseurs le magnifie et leur avidité s'envole, à un point tel qu'il n'est pas durable, car la réalité de l'entreprise ne correspond pas à cette euphorie. À ce stade, l'euphorie ne peut plus continuer à croître, et il ne reste plus d'argent pour les investisseurs qui enchérissent de plus en plus sur les actions de la société pour continuer à faire monter les prix. Dans le cas des mouvements baissiers, ce qui se passe, c'est qu'après une chute qui a conduit les prix en dessous de ce qui est raisonnable, une intense attaque de panique se produit, ce qui crée ce gap et conduit l'entreprise à devenir beaucoup plus sous-évaluée qu'elle ne l'était déjà. Cette peur intense n'est pas tenable sur le long terme et, de plus, les investisseurs effrayés n'ont plus d'actions à vendre, car ils ont vendu toutes les actions qu'ils avaient. Par conséquent, dans les jours suivants, le niveau général de peur est réduit, et les achats des

investisseurs rationnels marquent la fin de la tendance à la baisse. Ce type de gap présente également une similitude avec le monde du cyclisme. Imaginons qu'un petit groupe, les cyclistes les plus forts, se soit échappé du peloton. À seulement 2 kilomètres de la ligne d'arrivée, un des cyclistes du petit groupe saute hors du groupe et prend une certaine avance, en accélérant très fortement. Mais après quelques centaines de mètres, il ne pouvait plus maintenir ce rythme, et les autres coureurs du petit groupe l'ont rattrapé et dépassé avant d'atteindre la ligne d'arrivée. Ce dernier effort du cycliste qui semblait vouloir gagner la course mais qui n'a pas réussi serait l'équivalent du gap terminal.

Les gaps de rupture, de continuation et terminaux se produisent généralement à des volumes élevés, bien que ce ne soit pas toujours le cas. Ce volume élevé serait l'équivalent d'un niveau d'énergie élevé des coureurs qui essaient de fuir, suffisamment élevé pour rester en tête et ne pas être rattrapé par le peloton après peu de temps, dans le cas des gaps de rupture et continuation. Dans le cas des gaps terminaux, le volume élevé est généralement dû à la dernière impulsion d'euphorie ou de panique, avant que l'argent (dans le cas des gaps terminaux haussiers) ou les actions (dans le cas des gaps terminaux baissiers) des investisseurs les plus émotifs ne s'épuisent.

La comparaison entre les Gaps et les cyclistes sert non seulement à mieux se souvenir des types de Gaps, mais aussi à montrer une fois de plus que l'**analyse technique montre quelque chose d'aussi réel que le comportement humain**. Il existe un parallèle évident entre l'**énergie des cyclistes** et l'**argent**, qui, d'une certaine manière, est aussi une forme d'énergie. L'énergie des gens n'est pas illimitée, pas plus que leur argent ou les actions qu'ils possèdent. Selon la façon dont ils utilisent et gèrent leur énergie, les cyclistes obtiennent un résultat ou un autre. Et selon la façon dont les investisseurs utilisent et gèrent leur argent et leurs actions, **les mouvements de prix seront l'un ou l'autre.**

Lorsqu'un cycliste dispose d'une bonne réserve d'énergie, il peut s'échapper du peloton, rester en tête et gagner l'étape. De la même manière, lorsqu'après une rupture haussière majeure (un gap de rupture), il y a quelque chose de solide derrière, dans les sessions suivantes, beaucoup plus d'argent apparaîtra pour soutenir ce mouvement haussier, en maintenant et augmentant la hausse.

Si le cycliste en fuite fait une ultime tentative désespérée avec ses dernières réserves d'énergie, il sera poursuivi par ses poursuivants et perdra l'étape. De même, si les investisseurs haussiers créent un Gap avec leurs dernières réserves d'argent, il s'agira d'un Gap terminal, car une fois ces dernières réserves d'argent "dépensées", les hausses ne pourront plus être gardées (tout comme le cycliste épuisé ne peut maintenir le rythme qu'il avait tenté d'imposer), et les prix chuteront à nouveau.

Le parallèle avec les gaps baissiers est très similaire. S'il y a quelque chose de solide derrière un gap baissier, il y aura d'autres baisses à l'avenir, car davantage d'actions seront vendues à des prix de plus en plus bas. Ce "quelque chose de solide" peut être une détérioration des fondamentaux de l'entreprise, mais aussi une peur irrationnelle qui ne correspond pas à la réalité objective de l'entreprise. De même, dans le cas des gaps de rupture haussiers, l'argent qui supporte la rupture est parfois de l'argent avide, qui supporte une hausse irrationnelle. Mais qu'elle soit "juste" (sur la base des fondamentaux de l'entreprise) ou non, l'important est de savoir si, à court terme, il y a de l'"énergie disponible" (de l'argent dans le cas de mouvements haussiers, ou des actions à vendre à des prix de plus en plus bas dans le cas de mouvements baissiers) pour donner une continuité à ce mouvement qui a commencé par un gap de rupture.

Pour en revenir au cas des gaps baissiers, si le gap est causé par la panique des derniers investisseurs irrationnels, qui vendent leurs actions "à n'importe quel prix", alors il s'agira d'un gap terminal. Car les actions sont maintenant entre les mains d'investisseurs moins craintifs, dont certains les vendront, mais non plus "à n'importe quel prix", mais à des prix de plus en plus élevés.

Les gaps se produisent rarement sur les graphiques hebdomadaires, et encore moins sur les graphiques mensuels. La plupart des gaps se produisent sur les graphiques quotidiens. Un gap de rupture, de continuation ou terminal sur un graphique hebdomadaire est beaucoup plus important que sur un graphique quotidien. Et sur un graphique mensuel, il serait encore plus important que sur un graphique hebdomadaire.

Les gaps de rupture, de continuation et terminal sont des niveaux de support ou de résistance. C'est logique, car il s'agit de domaines dans lesquels il y a eu un changement majeur dans l'évaluation fondamentale de l'entreprise, ou dans lesquels les émotions des investisseurs moins rationnels ont atteint un extrême qu'il n'est pas possible de maintenir longtemps.

Dans ce graphique d'Endesa, nous voyons un gap normal :

Le plus haut d'un jour est de 14,90 euros et le plus bas du jour suivant est de 14,93 euros. Ainsi, au cours de ces deux jours, aucune transaction ne s'est croisée à 14,91 euros ou 14,92 euros. Mais Endesa était dans un mouvement latéral avant le gap, et a continué dans un mouvement latéral après le gap.

Dans cet autre graphique de Gas Natural Fenosa, nous voyons un gap de continuation et un gap terminal, lors du conflit avec la société algérienne Sonatrach à l'été 2011 :

Cet été-là, un conflit a éclaté entre Gas Natural Fenosa et Sonatrach, ce qui a porté préjudice à Gas Natural Fenosa. Mais c'était une perte limitée, pas une catastrophe.

Pendant plusieurs semaines, le montant exact que Gas Natural Fenosa devrait payer à Sonatrach n'était pas connu. L'incertitude ne plaît pas aux gens, et elle **est très traître pour les investisseurs les plus nerveux**. Chaque jour, il y avait des nouvelles et des rumeurs sur des réunions entre les deux entreprises pour résoudre le conflit, etc., sans qu'une solution définitive au problème soit signée. Tout cela a provoqué la chute de Gas Natural Fenosa, comme on peut le voir sur le graphique.

Bien que la figure finale ne soit pas connue, il semble clair que l'impact sera limité, et qu'il sera extraordinaire. Ce qui se passe, c'est qu'à court terme, les émotions l'emportent souvent sur la raison, et à un moment donné, la peur de nombreux investisseurs a connu une montée en flèche, et le gap de continuation que nous voyons sur le graphique a été créé.

Et le prix a continué à baisser.

Quelques jours plus tard, nous constatons qu'il y a une nouvelle montée intense de la peur, et un autre fossé est créé. Maintenant, après un certain temps, nous constatons que ce deuxième gap était un gap terminal, dans lequel les investisseurs les plus craintifs ont atteint un niveau de peur extrême qu'ils n'ont pas pu maintenir. Et, de plus, ils ont vendu leurs dernières actions, et **n'avaient plus d'actions de Gas Natural Fenosa à vendre, quelle que soit la peur qu'ils avaient à partir de ce moment-là.**

Il s'agit de détecter le type de gap le plus tôt possible. Pour ce faire, nous utilisons des éléments que nous avons déjà vus, comme les supports, les résistances et les lignes de tendance, et des éléments que nous verrons plus tard, comme les divergences avec les indicateurs et le reste des figures de l'analyse graphique et les chandeliers japonais. Dans ce cas, en prenant un peu d'avance, nous pouvons voir que le chandelier après le gap de continuation est un chandelier noir, qui n'indique pas que la fin de la tendance actuelle est probable, tandis que le chandelier après le gap terminal est un Marteau, qui est une figure de retournement indiquant que la tendance pourrait être terminée.

Dans ce graphique d'Inditex, nous voyons un gap de rupture haussier et un gap de rupture baissier :

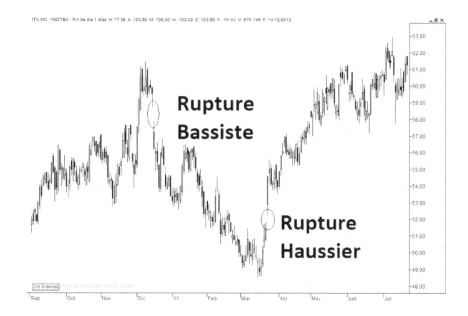

Une **île** est une barre, ou plusieurs barres, qui est isolée des autres barres par l'apparition de deux gaps consécutifs, le premier est terminal et le second, de rupture. C'est une figure de retournement très importante. Logiquement, si au milieu d'un mouvement latéral, une île était formée par des gaps normaux, cela n'aurait pas d'importance. Les "vraies" îles doivent apparaître après une hausse ou une baisse significative des prix.

Nous pouvons voir une île dans ce graphique de Banco Santander :

Analyse technique et chandeliers japonais pour les investisseurs à moyen et long terme

Après le premier gap terminal, il y a un mouvement latéral pendant quelques jours, et le prix sort de cette zone avec un gap de rupture (quelques jours plus tard, vous pouvez voir un gap de continuation).

Les îles sont des figures de retournement très fortes, en raison du changement brutal qu'elles représentent. En un jour, ou en quelques jours, les investisseurs passent d'une peur extrême (gap terminal) à une grande force d'achat (gap de rupture), dans le cas d'îlots haussiers. Ou l'inverse dans le cas des îles qui représentent la fin d'une tendance haussière, logiquement, où les investisseurs passent de l'euphorie à la peur en un court laps de temps.

2.3.3.1 Comment différencier les gaps terminaux et les gaps de continuation ?

Ces deux types de gaps sont très similaires dans leur apparition, car ils surviennent tous deux après une tendance claire (à la hausse ou à la baisse). La principale différence est qu'après un gap de continuation, la tendance se poursuit (par souci de redondance) dans la même direction que précédemment. Alors qu'après un gap terminal, la tendance s'arrête, entraînant le début d'une tendance opposée (passage de haussier à baissier, ou l'inverse), ou une tendance latérale.

Le problème, par conséquent, est qu'il est très difficile de les distinguer d'emblée, et que leurs implications pour les mouvements futurs des prix sont contraires.

Dans la barre dans laquelle le gap se produit, il n'y a pratiquement aucune différence, car il s'agit dans les deux cas d'un gap, normalement avec un volume élevé, après une tendance claire et dans la même direction de la tendance que le marché a à ce moment-là. Si le volume était faible, les probabilités qu'il s'agisse d'un gap de continuation seraient réduites. Dans le graphique suivant, nous pouvons voir un gap de rupture (A), un gap de continuation (B) et un gap terminal (C) :

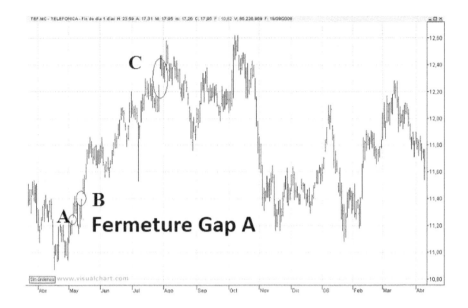

Pour essayer de déterminer le type de gaps dans cette première barre, il faut prêter attention à d'autres éléments qui peuvent être utiles :

> 1) Divergences dans les indicateurs techniques : Si la tendance avant le gap est baissière mais que les indicateurs techniques présentent des divergences haussières, le gap est plus susceptible d'être un gap terminal. La même chose, mais dans l'autre sens, est valable pour les tendances à la hausse. Nous verrons ce qu'est une divergence lorsque nous parlerons des indicateurs.

> 2) Support et résistance : Si le gap se produit dans une zone de support (gap baissier) ou de résistance (gap haussier) importante, il est plus probable que le gap soit un gap terminal.

> 3) Moyennes mobiles : Les moyennes mobiles ont également une fonction de support et de résistance, et dans le cas où le gap se produit dans une moyenne mobile importante (comme la moyenne mobile à 200 séances, par exemple), les probabilités que le gap soit un gap terminal augmentent,

comme nous l'avons vu au point précédent.

4)   Retracements de Fibonacci : Ils ont le même effet que les supports, résistances et moyennes mobiles, discutés dans les lignes précédentes.

5)   Lignes de tendance et canaux de tendance : ils peuvent également servir de support ou de résistance, et un gap dans ces zones serait également plus susceptible d'être terminal.

6)   Chandeliers japonais : La forme des chandeliers japonais peut également donner des indices sur le type de gap qui vient de se former.

7)   Toute autre figure ou tout autre élément qui pourrait donner un indice à un investisseur expérimenté.

Dans tous les cas ci-dessus, j'ai parlé d'"augmenter les chances", car quelle que soit la clarté de la situation, nous ne devons jamais penser que nous sommes sûrs à 100 % de ce qui va se passer à l'avenir avec le cours de l'action.

Si le gap est un gap de continuation, la tendance est susceptible de se poursuivre fortement dans les séances suivantes. Par exemple, si la tendance est à la hausse, après le gap de continuation, les prix sont susceptibles de continuer à atteindre des sommets plus élevés au cours des sessions suivantes. Si le gap est un gap terminal, les barres qui suivent le gap sont susceptibles de montrer une tendance latérale, ou la direction opposée à celle que le marché suivait avant que le gap ne se produise. Ces premières barres après le Gap donnent plus d'informations sur le type de Gap qui vient de se produire, mais le problème dans la pratique est que parfois le mouvement est si rapide qu'on ne peut plus ouvrir l'opération parce que le prix a vraiment bougé en très peu de temps.

Si après un gap de continuation haussier, les barres suivantes sont toujours haussières, il est possible que lorsque l'on voit clairement qu'il s'agit d'un gap de continuation, les prix ont tellement évolué que le prix auquel on voudrait acheter est trop éloigné du prix actuel. La même chose peut se produire avec les gaps terminaux, à savoir que lorsque nous voyons clairement que le gap est un gap terminal, le prix a déjà parcouru un long chemin dans la direction opposée à la tendance précédente. Dans ce cas, il vaut mieux laisser passer l'opération que de prendre un risque plus important que d'habitude.

L'expérience de l'investisseur, l'analyse de l'état psychologique du marché dans son ensemble à ce moment-là, l'analyse fondamentale, etc. sont également très utiles.

En bref, lorsque vous souhaitez ouvrir une transaction avec un tel gap, vous avez deux possibilités :

> 1) Ouvrez la transaction sur la même barre que le gap : l'inconvénient est que vous avez moins d'informations, et l'avantage est que le prix d'achat ou de vente (si vous avez raison) sera meilleur.

> 2) Attendre de voir ce qui se passe dans les barres après le gap : Cela augmente les informations dont nous disposerons pour prendre une décision, mais le point d'achat ou de vente deviendra probablement de moins en moins favorable à mesure que les informations augmenteront.

Chaque investisseur devra choisir l'alternative qui lui semble la meilleure dans chaque situation, en tenant compte des avantages et des inconvénients de chacune, car il n'existe pas de règle fixe qui puisse toujours être appliquée.

2.3.4 Épaule Tête Épaule

L'Epaule Tête Epaule (ETE) est une figure de retournement très importante. **Elle devrait apparaître à la fin d'une tendance haussière très prononcée.** Si ce n'est pas le cas, il ne s'agit pas d'une véritable ETE et elle ne doit pas être interprétée comme telle.

Dans les figures, il est très important de tenir compte de l'endroit où elles apparaissent. Car, comme nous l'avons vu, les figures sont le comportement des gens face à certains faits, et donc l'**existence de ces "certains faits" est essentielle**.

En d'autres termes, l'ETE est l'un des moyens par lesquels le marché dans son ensemble change de mentalité, passant de haussier à baissier, et c'est pourquoi il est essentiel que cette forme de comportement se produise immédiatement après une hausse. Car si la mentalité précédente n'est pas haussière, il est impossible qu'elle passe de haussière à baissière.

Au milieu des tendances latérales, il est assez fréquent que des formations de prix similaires à une ETE apparaissent, mais ce ne sont pas de véritables ETE, mais une partie du mouvement latéral dans lequel se trouve le prix. Il est relativement courant de confondre un mouvement latéral avec une ETE (ou une ETE inversée, que nous verrons dans la section suivante), mais rappelez-vous que ces figures doivent toujours apparaître après une hausse des prix (ou une baisse, dans le cas d'une ETE inversée), et non au milieu d'un mouvement latéral.

Reprenons l'exemple des finales sportives. Pour faire les prédictions que nous avons faites, il faut qu'une finale de championnat soit jouée. Si nous voyons un groupe de personnes, qui pourraient appartenir à la même équipe de football, applaudir au milieu de la rue, sans que nous sachions pourquoi, ou ce qui s'est passé, etc., alors nous ne devrions pas acheter ou vendre leur niveau de joie, ni celui de l'équipe supposée adverse. Car cette joie pourrait n'avoir aucun rapport avec le hobby sportif de ces personnes, auquel cas il n'y aurait pas d'adversaires tristes, et nous ne saurions pas non plus si ce niveau de joie est proche du maximum possible ou non, et ainsi de suite.

En résumé, le schéma comportemental que nous avons défini pour agir lors des finales sportives ne nous sert pas à agir dans toutes les circonstances où un groupe de personnes est heureux ou triste, mais seulement dans certaines situations, comme les finales sportives.

Une chose similaire se produit avec les modèles de graphiques. Ce que nous savons du comportement des investisseurs dans les formations ETE est utile si ce comportement suit une forte hausse du marché boursier, et non au milieu d'un mouvement latéral.

L'ETE est formée par trois sommets relatifs, comme on peut le voir dans ce graphique d'Antena 3 :

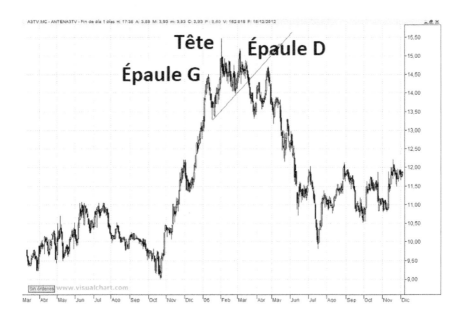

La plus haute devrait être celle du centre, c'est-à-dire la tête. Les deux latérales, qui sont les deux épaules, doivent être légèrement plus basses que la tête. L'épaule gauche peut être plus haute que l'épaule droite, ou l'inverse, cela ne fait aucune différence. Mais les deux doivent être en dessous de la tête.

La ligne que j'ai tracée est ce qu'on appelle la ligne de cou (ou ligne de cou), qui relie les points bas après la chute de l'épaule gauche et de la tête.

La tête de l'ETE se **forme lorsque la chute qui se produit après la formation de l'épaule droite brise la ligne de cou vers le bas**. Tant que cela ne se produit pas, l'ETE ne s'est pas formée.

Nous pouvons voir qu'après avoir cassé la ligne de cou et être tombé un peu en dessous, le prix remonte, s'approchant de la ligne de cou (en dessous). Il s'agit d'un Pullback, bien que pour être un Pullback "pur", cette hausse devrait atteindre et toucher la ligne de cou. Dans ce cas, l'élévation est proche de la ligne de cou, mais elle ne la touche pas. Bien souvent, les idéaux théoriques ne sont pas réalisés, mais **cela ne signifie pas que les figures sont moins efficaces**. Il n'y a pas toujours de Pullback, mais ce qui est important, c'est que la hausse du Pullback (ou du "presque" Pullback) ne dépasse pas l'épaule droite.

La ligne de cou peut être ascendante (comme dans cet exemple), horizontale ou descendante. En principe, si la ligne de cou est descendante, le potentiel baissier est plus important que si elle est ascendante, mais ce n'est pas quelque chose qui peut être quantifié mathématiquement, et ce n'est pas toujours vrai.

La logique de l'ETE est la suivante :

Le marché est en très forte hausse depuis un certain temps maintenant, et forme l'épaule gauche, dans ce qui reste une tendance clairement haussière pour le moment (cachez la tête et tout ce qui est à droite, pour avoir une meilleure idée de ce que pensent les investisseurs lorsque le marché forme l'épaule gauche). Idéalement, le volume de la montée de l'épaule gauche devrait être élevé, bien que ce ne soit pas essentiel.

Après avoir atteint le sommet de l'épaule gauche, il y a une petite baisse, après lequel commence la montée de la tête. Cette hausse de la tête devrait idéalement se produire avec moins de volume que la hausse de l'épaule gauche, ce qui serait un premier signe que le nombre de haussiers se réduit, car on doute de plus en plus que les hausses puissent aller beaucoup plus loin. Mais pour l'instant, les prix continuent d'augmenter.

Ces doutes conduisent à la chute après la formation de la tête, et c'est d'ici que vient le moment "important" de la tête de l'épaule de l'épaule.

La hausse de l'épaule droite est plus faible que celle de la tête, car les taureaux sont de moins en moins clairs, et cela signifie que personne ne paiera les prix qui ont été payés récemment, dans la tête. Comme vous pouvez le voir, peu de temps avant, sur l'épaule gauche, la plupart des investisseurs étaient haussiers et pensaient qu'il y avait encore beaucoup de potentiel de hausse, mais maintenant, à des prix similaires, sur l'épaule droite, personne n'ose payer les prix qui ont été payés sur la tête. Il s'agit d'un changement très important dans le sentiment de la plupart des investisseurs.

La confirmation de ces doutes croissants se produit lorsque, après avoir formé le maximum de l'épaule droite, les prix chutent et la ligne de cou est brisée.

À ce stade, peu de gens s'attendent à des reprises à court terme, tandis que la plupart des gens envisagent de prendre tous les profits possibles en achetant à des prix plus bas, ou de vendre pour limiter leurs pertes, car l'humeur a complètement changé.

En termes de volume, l'idéal est que la montée de l'épaule droite soit d'un volume inférieur à celui de la tête, que la rupture de la ligne de cou soit d'un volume élevé, que la montée du Pullback soit d'un volume faible et que la chute après le Pullback soit d'un volume élevé. La logique est que, à ce stade, plus les prix augmentent, moins les gens sont disposés à acheter à ces prix (en raison du changement de mentalité qui s'est produit), et ce n'est qu'en baissant les prix que le nombre d'investisseurs disposés à acheter augmente (ce qui n'empêche pas les prix de continuer à baisser).

L'évolution du volume que j'ai décrite est l'idéal, mais elle n'est pas toujours strictement respectée, et cela ne signifie pas que la figure n'est plus un ETE.

Comme c'était le cas avec les canaux, vous pouvez définir des objectifs de baisse de la même manière avec la fonction ETE :

Mesurez d'abord la distance entre le sommet de la tête et la ligne de cou (1,94 euros dans ce cas), puis projetez cette distance à partir du point où la ligne de cou est brisée.

Dans cet exemple, le sommet de la tête est à 15,46 euros, et il y a une distance de 1,94 euros à la ligne de cou.

Après la chute de l'épaule droite, la rupture de la ligne de cou se produit à 14,35 euros. Si nous soustrayons 1,94 euros de 14,35 euros, nous obtenons 12,41 euros, qui est l'objectif de baisse minimum.

Il n'est pas facile, loin de là, de savoir où la chute s'arrêtera après un ETE. Mais n'oubliez pas qu'il s'agit d'une figure de retournement importante, et qu'elle **précède généralement des baisses importantes**.

Par conséquent, les **supports qui sont proches de l'ETE ne doivent pas être considérés comme très fiables** et, en général, il ne faut pas être pressé d'acheter les actions d'une société qui a formé une ETE. Acheter un peu en dessous de l'ETE nouvellement formé est généralement un peu téméraire, car c'est une figure qui précède souvent des chutes importantes.

2.3.5 Épaule-tête-épaule inversée (ETEi)

C'est l'équivalent de l'ETE dans les tendances baissières.

L'ETEi est une figure de retournement, aussi importante que l'ETE normale que nous venons de voir, qui se produit à la fin d'une tendance baissière, marquant la fin de la tendance baissière.

Voici un exemple dans ce graphique BBVA :

Il s'agit de la même figure que l'ETE, mais vue dans un "miroir". La ligne de cou est tracée de la même manière, ainsi que les objectifs de prix, etc.

Dans ce cas, la tête devrait logiquement se trouver sous les deux épaules. Et comme dans le cas précédent, l'épaule gauche peut être au-dessus ou au-dessous de l'épaule droite.

Si la ligne de cou est ascendante, en principe la force haussière est plus grande, similaire à ce que nous avons vu avec l'ETE normale lorsque la ligne de cou était descendante.

L'ETEi se forme lorsque l'élévation après l'épaule droite rompt la ligne de cou. Il peut également y avoir un Pullback, mais s'il y a un Pullback, la baisse du Pullback ne doit pas tomber en dessous de l'épaule droite.

Comme vous pouvez le voir, **tout ceci est identique à l'ETE normal, mais à l'envers.**

En ce qui concerne le modèle de volume idéal, qui n'est pas toujours respecté, l'idéal serait que la baisse de l'épaule gauche se fasse sur un volume élevé (la tendance est toujours baissière et le sentiment dominant sur le marché est très baissier), que la baisse de la tête se fasse sur un volume un peu plus faible (les doutes commencent à arriver parmi les baissiers, et certaines personnes baissières ne le sont plus, même si elles ne sont pas encore devenues haussières) et la hausse de l'épaule droite cassant la ligne de cou devrait se faire avec un volume élevé (le sentiment de nombreux investisseurs est déjà passé de baissier à haussier).

S'il y a un Pullback, la baisse à partir du Pullback devrait se faire sur un faible volume (parce que plus le prix est bas, moins les investisseurs sont prêts à vendre), et la hausse à partir du Pullback devrait se faire sur un volume élevé (parce que pour convaincre les vendeurs de vendre, des prix de plus en plus élevés doivent être proposés).

2.3.6 Rectangles

Les rectangles sont des mouvements latéraux qui se produisent entre un support et une résistance. Nous les avons déjà vus dans les points "2.1.4 Le temps réduit parfois la force des supports et des résistances" et "2.1.5 Les supports deviennent des résistances une fois brisés, et inversement", en abordant les exemples de Coca Cola et Prisa.

Les rectangles sont parfois des figures de retournement et parfois des figures de continuation. Il est donc difficile de faire des prédictions, car cela signifie que parfois le Rectangle fera changer la tendance, et parfois il fera en sorte que la tendance se poursuive. Voici quelques éléments à prendre en compte pour déterminer si le rectangle que nous analysons peut être une figure de retournement ou de continuation :

1) **La tendance sur les cadres temporels plus longs :** Si le Rectangle apparaît sur un graphique journalier, nous devons consulter le graphique hebdomadaire. Si, sur le graphique hebdomadaire, la tendance est haussière et ne semble pas se terminer, il est plus probable que le Rectangle sur le graphique journalier soit une figure de continuation, après laquelle la tendance à la hausse reprendra. Si, d'autre part, sur le graphique hebdomadaire, nous voyons un sommet ou une figure de retournement, alors les chances que le Rectangle sur le graphique journalier soit une figure de retournement augmentent. La même chose, mais en sens inverse, serait vraie pour les tendances à la baisse. Si la tendance à la baisse sur le graphique hebdomadaire semble être encore forte, alors le Rectangle sur le graphique journalier est le plus susceptible d'être une figure de continuation après laquelle la tendance à la baisse reprendra. Et si sur le graphique hebdomadaire, la tendance à la baisse semble se terminer, alors le Rectangle sur le graphique journalier est plus susceptible d'être une figure de retournement.

2) **Comportement du volume :** Dans les Rectangles, il y a beaucoup de fausses ruptures. Les prix cassent légèrement au-dessus de la résistance pour ensuite redescendre, ou cassent le support pour ensuite remonter et entrer à nouveau dans le Rectangle peu de temps après. Habituellement, mais pas toujours, les fausses ruptures se produisent sur un volume relativement faible, tandis que la "bonne" rupture (de support ou de résistance) se produit sur un volume élevé.

3) **Divergences dans les indicateurs techniques**, comme nous le verrons plus tard.

Les pullbacks peuvent également se produire dans les Rectangles, comme nous l'avons vu dans le cas de Prisa :

De même, avec les Rectangles, les objectifs de prix peuvent être fixés en projetant la hauteur du Rectangle à partir du point où il se brise :

Comme dans le reste des figures pour lesquels nous avons calculé des objectifs de prix, il s'agirait de l'objectif minimum attendu.

Plus la hauteur d'un Rectangle est grande, plus son importance dans l'évolution future des prix est grande. Ceci est commun à toutes les formes, plus elles sont grandes (mesurées en mouvement de prix, ou dans le temps qu'il faut pour se former), plus elles produisent de mouvement (généralement) une fois cassées. C'est une **conséquence du changement de mentalité qui se produit**.

Si un Rectangle est très serré, alors les positions haussières et baissières sont très proches, il n'y a donc pas de gros désaccord entre elles. Et une fois que le Rectangle est brisé, le "mauvais" côté n'était pas très mauvais, et n'a donc pas une réaction particulièrement vive.

Mais si la hauteur du rectangle est relativement grande, c'est un signe que les haussiers et les baissiers ont des opinions très différentes, et lorsque le rectangle se brise, le **"mauvais" côté a le sentiment d'avoir tout faux**. Ainsi, vos émotions peuvent plus facilement vous trahir et

vous faire prendre des décisions moins rationnelles, entraînant des mouvements de prix plus importants.

2.3.7 Drapeaux, bannières et fanions

Les drapeaux sont un type particulier de rectangle, dans lequel les lignes de support et de résistance, au lieu d'être horizontales, sont inclinées, vers le haut ou vers le bas.

Les drapeaux se brisent généralement dans la direction opposée à celle dans laquelle le drapeau a été formé. Autrement dit, si les lignes sont inclinées vers le bas, le drapeau se brisera très probablement au sommet. Et si les lignes sont inclinées vers le haut, le drapeau a de fortes chances de se casser en bas.

Par conséquent, en principe, les **drapeaux sont un peu plus prévisibles que les rectangles**. Dans les drapeaux, vous devez également tenir compte de la tendance du cadre temporel supérieur (la tendance hebdomadaire si le drapeau s'est formé sur le graphique journalier, par exemple), du volume aux points de rupture et des divergences. Mais la plus grande probabilité qu'ils se brisent dans la direction opposée à celle où les lignes formant le Drapeau sont inclinées, comme je l'ai mentionné dans le paragraphe précédent, est une bonne aide.

Dans ce graphique d'Inditex, nous voyons deux drapeaux haussiers :

Dans les deux drapeaux, les lignes sont en pente descendante et, dans les deux cas, la rupture se situe au sommet. Ils constituent une sorte d'"arrêt en cours de route". Les prix évoluent toujours (ou presque toujours) en zigzag. Ces drapeaux haussiers sont des moments où certains acheteurs sont remplacés par d'autres. Zones où la force de la tendance à la hausse augmente et reprend un peu plus tard. Gardez à l'esprit qu'il existe des investisseurs de tous horizons temporels. Dans ces drapeaux, les investisseurs qui ont des objectifs à court terme se retirent, et ces ventes à découvert font baisser quelque peu les prix. Mais les investisseurs qui sortent sont remplacés par d'autres investisseurs ayant des objectifs plus élevés, et donc la tendance ne s'arrête pas, mais fait une pause, afin d'atteindre des niveaux plus élevés.

Dans cet autre graphique, nous voyons un drapeau baissier sur Sacyr:

Ce qui se passe dans les drapeaux baissiers, c'est qu'après une chute importante, certains investisseurs pensent que "l'entreprise a déjà beaucoup baissé et qu'elle doit se redresser", ce qui les amène à acheter les actions de cette société et même à faire monter un peu les prix. Mais la tendance à la baisse sous-jacente est plus forte que les achats de ces investisseurs, et une fois qu'ils n'ont plus d'argent, la chute reprend.

Comme vous pouvez le voir dans cet exemple, les lignes sont inclinées vers le haut, et les prix cassent le drapeau par le bas.

Idéalement, le volume devrait être inférieur au volume de la hausse précédente (dans le cas de drapeaux haussiers) ou au volume de la baisse précédente (dans le cas de drapeaux baissiers).

La raison en est que dans le cas des drapeaux haussiers, le mouvement sous-jacent est haussier, et donc lorsque les prix baissent pendant la formation du drapeau, le nombre de personnes prêtes à vendre leurs actions est réduit, car leurs attentes de vente sont plus élevées.

Dans le cas des drapeaux baissiers, les investisseurs qui pensent que le fond a été atteint sont peu nombreux par rapport à ceux qui pensent le contraire, et sont donc incapables d'acheter de grands volumes d'actions.

Dans cet autre graphique de Banco Santander, nous voyons comment un drapeau avec des lignes en pente ascendante après une tendance haussière se brise, du côté opposé :

Les prix augmentent, mais le volume diminue car il y a de moins en moins d'investisseurs prêts à payer des prix de plus en plus élevés. Il arrive donc un moment où les investisseurs haussiers n'ont plus d'argent pour faire monter les prix, et ceux-ci commencent à baisser.

Dans cet autre cas, c'est l'inverse pour Indra :

Les prix continuent de baisser pendant la formation du Drapeau, mais il arrive un moment où il y a très peu d'investisseurs prêts à vendre à ces prix. **Les investisseurs les plus nerveux n'ont plus d'actions à vendre, car ils les ont déjà toutes vendues**, et à partir de ce moment, les prix commencent à augmenter.

Lorsque les deux lignes de la figure, au lieu d'être parallèles, sont convergentes, la figure est appelée un **biseau**. Les biseaux se comportent de manière très similaire aux drapeaux. Dans ce graphique, nous voyons un biseau baissier dans Banco Santander :

Les **fanions** sont similaires aux drapeaux, mais le corps du drapeau a généralement la forme d'un triangle. Il s'agit généralement d'un triangle symétrique, bien que parfois il puisse être en forme de biseau. Dans les fanions, le Triangle (ou biseau) est petit, de courte durée dans le temps, et il y a peu de distance entre les lignes formant le Triangle. Par conséquent, les fanions sont assez similaires aux Drapeaux ou aux biseaux, mais avec une taille beaucoup plus petite, à la fois dans le temps et dans l'oscillation des prix. Nous verrons précisément les Triangles dans la section suivante. Regardons maintenant un fanion sur une carte Abertis :

Les fanions ne sont pas des figures très importantes pour les investisseurs à moyen et long terme. Parce que l'oscillation du prix est plus faible, ce qui signifie que les **différences d'opinion entre les acheteurs et les vendeurs sont faibles** et que la "victoire" d'un côté n'est pas une surprise pour l'autre côté. Ils mettent également moins de temps à se former, ce qui est également un signe que les acheteurs et les vendeurs ne sont pas aussi éloignés dans leurs positions que dans un drapeau ou un biseau. Les fanions sont donc des figures de continuation, mais relativement peu fiables par rapport aux autres figures d'analyse technique.

Le mouvement qui précède le drapeau, le biseau ou le fanion est appelé le "bâton". Par exemple, dans un drapeau haussier, la hausse qui précède le drapeau est le "bâton du drapeau". Dans un fanion, la ligne est généralement plus verticale que dans un drapeau, et elle est aussi généralement plus courte.

2.3.8 Triangles

Un triangle se forme lorsque l'on réunit les récents sommets et creux et que l'on obtient deux lignes convergeant vers le côté droit du graphique :

Dans le graphique ci-dessus de BME, nous voyons un **Triangle symétrique**, car la ligne joignant les sommets est inclinée vers le bas, et la ligne joignant les bas est inclinée vers le haut. Une symétrie parfaite n'est pas nécessaire pour considérer le triangle comme "symétrique", il suffit que la ligne supérieure soit clairement inclinée vers le bas et que la ligne inférieure soit clairement inclinée vers le haut.

Les triangles symétriques sont généralement des figures de continuation, comme nous le voyons dans ce cas. Les Triangles de Continuation sont similaires aux Drapeaux de Continuation, car tous deux sont un "arrêt en cours de route" pour rassembler les forces avant de reprendre la tendance précédente (tendance à la hausse, dans cet exemple).

Parfois, les triangles symétriques peuvent être des figures de tour. Normalement, lorsqu'ils sont des figures de tour, les Triangles symétriques sont plus grands que lorsqu'ils sont des figures de continuation. Plus grande en hauteur (distance entre le maximum et le minimum du Triangle), et aussi plus longue en durée. Une "rupture de route" est plus courte qu'un changement d'état d'esprit de la plupart des investisseurs, ce qui doit se produire pour qu'une tendance se termine et qu'une autre commence. C'est pourquoi les triangles qui représentent des figures de retournement sont généralement plus grands, **car ils reflètent le temps plus long qu'il a fallu pour que la mentalité de la plupart des investisseurs change**.

Dans ce graphique d'Abertis, nous pouvons voir un Triangle symétrique qui était une figure de retournement :

La hauteur du Triangle, pour voir s'il est "grand", "petit" ou "régulier", doit être mesurée en pourcentage du prix de l'action, et non en euros / dollars / livres, etc. En d'autres termes, un triangle d'une société se négociant autour de 100 dollars et ayant une hauteur de 2 dollars est plus petit qu'un triangle d'une société se négociant autour de 2 dollars et ayant une hauteur de 0,20 dollar.

Il n'y a pas de figure exacte qui marque la différence entre "grand" et "petit". Environ 10%, comme dans le cas d'Abertis, peuvent être considérés comme importants, voire un peu moins. 7 à 8 % peuvent également être importants, mais cela ne signifie pas que 6,99 % soit déjà un petit Triangle. Il n'y a pas de règles exactes, tout comme il n'y a pas de règles exactes pour la durée du Triangle.

Idéalement, le volume devrait diminuer à mesure que la formation du triangle symétrique progresse. Car ce serait le signe que de moins en moins d'investisseurs acceptent d'acheter ou de vendre à ces prix, et donc que le prix auquel la majorité des investisseurs seraient prêts à acheter ou à vendre se situe très probablement en dehors du Triangle.

Il arrive aussi que le triangle atteigne son sommet et se dilue dans un mouvement latéral. Normalement, lorsque les triangles atteignent le sommet, ils sont nettement moins fiables que s'ils se brisent avant d'atteindre le sommet.

Les deux autres types de triangles sont haussiers et baissiers.

Dans ce graphique d'Endesa, nous voyons un Triangle haussier :

La ligne supérieure est horizontale, ou presque, tandis que la ligne inférieure est ascendante.

Cela indique que les haussiers sont prêts à payer des prix de plus en plus élevés. Et cela signifie que les minimums sont de plus en plus hauts, car la force des acheteurs ne les laissera pas tomber au niveau des creux précédents.

La zone où la vente s'arrête ne baisse pas, ce qui indique que ceux qui veulent vendre ne réduisent pas leurs attentes en matière de vente.

Alors que le triangle haussier se forme, la résistance s'affaiblit, car ceux qui veulent vendre dans la zone de résistance ont plusieurs opportunités de le faire, laissant ceux qui espèrent vendre à des prix plus élevés. Dans le même temps, les acheteurs laissent de moins en moins les prix baisser. Cela génère une pression vers le haut, comme celle d'une bouteille de soda en plastique que l'on serre de plus en plus fort, **jusqu'à ce que le bouchon saute et que le soda sorte**. Il arrive un moment où la résistance est si faible qu'elle cède et est vaincue.

Quelque chose de similaire, mais en sens inverse, se produit dans les triangles baissiers, comme nous pouvons le voir dans ce graphique d'Antena 3 :

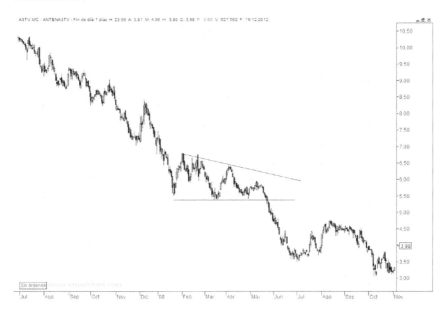

Ce qui se passe dans ces cas-là, c'est que, bien que les baisses soient encore arrêtées sur le support par l'achat des haussiers, les hausses sont arrêtées de plus en plus bas, parce que les haussiers ont de moins en moins de force et de plus en plus de doutes sur leur position. Cela signifie qu'au fur et à mesure que le triangle se forme, le nombre de haussiers est réduit, et le nombre de baissiers est augmenté, jusqu'à ce que le support (la base du triangle) cède, et que les prix tombent en dessous de ce support qui était la base du triangle baissier.

Il est donc normal que les triangles haussiers et baissiers se brisent dans le sens de la ligne inclinée (haussier vers le haut, baissier vers le bas).

Les triangles haussiers et baissiers sont généralement des figures de continuation, mais ce n'est pas toujours le cas. Les triangles haussiers se forment généralement au milieu des tendances à la hausse, et les triangles baissiers au milieu des tendances à la baisse. Parfois, ces triangles sont des figures de renversement, comme c'était le cas pour les triangles symétriques. Et c'est généralement dans les mêmes cas, lorsqu'ils ont une hauteur relativement importante et une durée un peu plus longue dans le temps. La raison est la même : **changer l'état d'esprit de la plupart des investisseurs prend généralement plus de temps que de prendre une pause et de continuer avec le même état d'esprit**.

Idéalement, dans un triangle haussier, les hausses devraient avoir un volume plus élevé que les baisses. Et dans un triangle baissier, les baisses devraient idéalement avoir un volume plus élevé que les hausses. Ces idéaux ne sont pas toujours atteints, bien sûr.

Comme pour les autres figures que nous avons déjà vues, le volume est souvent relativement élevé lorsque l'un de ces trois types de Triangles est brisé.

Dans n'importe lequel de ces trois types de triangles, lorsqu'ils sont brisés, un repli vers la ligne qui vient d'être brisée peut se produire, de la même manière que nous l'avons vu avec les lignes de tendance, le support et la résistance, etc. L'idéal dans ces cas où le Pullback se produit (pour confirmer la figure et ce que nous pouvons attendre dans le futur du prix) est que le mouvement qui rapproche le prix de la ligne brisée (le Pullback lui-même) se produise avec un volume relativement faible, et que ce volume augmente à mesure que les prix s'éloignent de la ligne brisée vers laquelle le Pullback vient de se produire. Mais, comme pour tous les autres pullbacks, le volume ne se comporte pas toujours de cette manière.

Deux cas particuliers de triangles sont les **triangles extensibles** et les **diamants** (ou losanges).

Les triangles expansifs ont le sommet à gauche du graphique, et s'ouvrent en se déplaçant vers la droite. Les diamants ou losanges sont formés par l'union d'un triangle expansif, d'abord, puis d'un triangle symétrique normal. Dans ce graphique du Dow Jones, nous voyons des exemples des deux :

Le premier triangle est le triangle extensible, et la figure entière (les deux triangles) est le diamant ou le losange.

Ces deux figures se forment lorsqu'il y a beaucoup d'incertitude et d'indécision, et marquent donc généralement la fin de la tendance précédente. Si le marché est haussier et devient soudainement très indécis, la tendance haussière risque de prendre fin. Et si la tendance est baissière et que le marché devient très indécis, la tendance baissière est susceptible de prendre fin. Il s'agit de motifs très inhabituels, en particulier le Diamant, qui est une occurrence rare, mais considéré comme étant très important.

2.3.9 Double et triple tops et bottoms

Les double et triple tops et bottoms sont des figures de rendement très importants. Les double tops et bottoms sont beaucoup plus courants que les triple top et bottom.

Les double et triple bottoms doivent apparaître après une importante tendance à la baisse, et les double et triple tops après une importante tendance à la hausse.

Dans ce graphique, nous voyons le double top qui a mis fin à l'ascension de Telefónica dans la bulle Internet au début de l'année 2000 :

Le double top est formé par deux sommets rapprochés, comme nous pouvons le voir, et **est définitivement formé lorsque la chute du deuxième top tombe en dessous du creux entre les deux tops**, qui est la ligne horizontale que j'ai dessinée sur le graphique. Tant que la chute à partir du deuxième top ne casse pas le creux entre les deux tops, il n'y a pas de double top, car la figure **pourrait être un rectangle de continuation haussière** (comme un drapeau de continuation haussière, mais horizontal au lieu d'être incliné vers le bas). Un Rectangle de continuation a un peu plus de force qu'un Drapeau de continuation, parce que dans le Rectangle les prix ne baissent même pas un peu, comme ils le font dans le Drapeau.

Dans le cas du graphique ci-dessus, le deuxième top est un peu plus haut que le premier, mais cela pourrait être l'inverse (le premier maximum étant plus haut que le second), ou même que les deux aient la même hauteur.

L'idéal, logiquement, serait de détecter que nous sommes face à un double top le plus près possible du deuxième top. On ne peut jamais en être sûr, mais dans certains cas, c'est plus facile (ou moins difficile) que dans d'autres. Il est un peu plus facile de le voir lorsque le deuxième top est plus élevé que le premier (comme dans ce cas), et qu'il y **a des divergences baissières avec les indicateurs techniques** (ce que nous verrons plus tard).

Dans cet exemple Telefónica, nous voyons qu'il y a un Pullback (que j'ai marqué d'un cercle ombragé). Comme pour les autres figures, chaque fois qu'une ligne est cassée, un Pullback vers cette ligne peut se produire, bien que cela ne soit pas toujours le cas. Ce repli serait un bon moment pour les investisseurs à moyen terme qui ne l'ont pas encore fait pour vendre. C'est également un point où les traders à court terme ouvrent souvent des positions baissières.

Dans cet autre graphique, hebdomadaire dans ce cas, on voit le double bottom que l'Ibex 35 a dessiné lors de la forte chute qu'il a connue à l'été 2012, au milieu des rumeurs d'intervention imminente de l'Espagne :

Les double bottoms sont très similaires aux double tops mais, logiquement, en sens inverse.

Les deux minima peuvent avoir la même profondeur, mais l'un des deux peut aussi être moins profond que l'autre.

Le double bottom est aussi définitivement formé lorsque le prix monte à partir du deuxième bottom au-dessus du top qui a été formé entre les deux bas, que j'ai aussi marqué d'une ligne horizontale sur ce graphique. Tant que cette ligne n'est pas cassée à la hausse, nous pourrions avoir affaire à un Rectangle de continuation baissier, similaire à ce que nous avons vu en parlant de double bottoms.

Quant à la possibilité de détecter un double bottom aussi près que possible du deuxième bottom, il est aussi un peu plus facile de le voir lorsque le deuxième bas est plus profond que le premier et qu'il y a des divergences haussières avec les indicateurs techniques.

Dans cet exemple, il n'y a pas eu de Pullback, mais les Pullbacks peuvent également se produire dans les double bottoms. Ces pullbacks à double bottoms sont de très bonnes zones d'achat à moyen et long terme.

Les triple bottoms et tops sont très similaires aux double bottoms et tops. La seule différence est qu'au lieu de deux maximums (tops) ou deux minimums (bottoms), il y en a trois. Ils fonctionnent de manière très similaire. Elles sont également formées par le dépassement de la ligne qui joint les maximums (tops), ou les minimums (bottoms), qui sont formés entre les minimums ou les maximums. Ils peuvent aussi avoir des Pullbacks, qui sont plus faciles à détecter lorsqu'il y a des divergences dans les indicateurs (divergences baissières aux maximums, et divergences haussières aux minimums), etc.

On pourrait dire que les triple tops sont un type spécial d'ETE, dans lequel la tête a une hauteur similaire à celle des épaules. Dans le cas des triple top, le maximum central (ce qui serait la tête dans l'ETE) peut être un peu plus bas que les côtés, ou à la même hauteur que les côtés.

De même, on pourrait dire que les triple bottoms sont un type spécial d'ETE, dans lequel la tête est d'une hauteur similaire à celle des épaules. De même, dans le cas des triple bottoms, le minimum central (ce qui serait l'ETEi) peut être un peu moins profond que les côtés, ou à la même hauteur que ceux-ci.

2.3.10 Retracements de Fibonacci

Les retracements de Fibonacci sont basés sur une série de chiffres établie par Léonard de Pise (1170-1250), également connu sous le nom de Fibonacci.

Il semble que cette série de chiffres était à l'origine la solution d'un problème mathématique. Chaque nombre de la série est la somme des deux nombres précédents (1, 1, 2, 3, 5, 8, 13, 21, ...).

De plus, la division entre chacun de ces nombres et celui qui le précède (8 / 5, par exemple), donne un nombre très proche de ce qu'on appelle le nombre d'or (1,618039...). De même, la division entre chaque nombre et celui qui le suit (8 / 13, par exemple) donne toujours le même nombre (0,618...), approximativement.

Il se passe quelque chose de similaire lorsque l'on divise chaque nombre par le second qui le suit (8 / 21, par exemple), le résultat est toujours approximativement le même nombre, 0,382..... dans ce cas.

Le nombre d'or est un nombre qui était connu des siècles avant que Fibonacci n'établisse cette série de nombres, et c'est celui qui a été utilisé pour créer les proportions des grandes œuvres d'art de l'histoire, comme le David de Michel-Ange, le Parthénon, la Pyramide de Khéops, la Vénus de Boticcelli, les fusillades du 3 mai de Goya, et bien d'autres encore.

Il existe également un nombre infini de plantes qui conservent cette même proportion, que l'on a appelée la proportion divine, ou canon universel de la beauté. Il existe de très nombreux autres exemples de ce type dans la nature.

Le fait est que quelqu'un a pensé à appliquer ces mêmes ratios aux graphiques de prix pour voir s'il pouvait obtenir quelque chose d'utile et, **pour une raison quelconque,** ces niveaux servent de support et de résistance aux mouvements du marché boursier en de nombreuses occasions.

Comme nous le verrons plus en détail ci-dessous, il est impossible de déterminer avec certitude si les mouvements boursiers suivent réellement ce même schéma par eux-mêmes, ou s'ils le font parce que de nombreuses personnes croient qu'ils fonctionnent, comme cela aurait pu se produire avec n'importe quelle autre série de figures. Mais il n'en reste pas moins que, quelle qu'en soit la raison, ils **ont**

une fiabilité similaire à celle des autres figures de l'analyse technique.

Les retracements de Fibonacci sont calculés après un mouvement de prix à la hausse ou à la baisse. Les plus importants sont 0,618, 0,50 et 0,382.

Voici un exemple dans ce graphique BBVA :

Les retracements de Fibonacci sont les lignes horizontales en pointillés, et comme vous pouvez le voir, ils fonctionnent très bien comme support et résistance dans ce cas. Bien que les calculs soient effectués par le logiciel que vous utilisez, voyons comment ils sont réalisés.

La chute commence à 6,94 euros, et descend jusqu'à 4,24 euros. Ce sont les extrêmes des calculs que nous allons faire.

Nous calculons d'abord la différence entre les deux extrêmes :

6,94 euros - 4,24 euros = 2,70 euros.

Sur ce chiffre (2,70 euros), nous calculons les pourcentages que nous avons vus plus haut.

Le 0,382 est 2,70 x 0,382 = 1,03.

Les 0,50 sont 2,70 x 0,50 = 1,35.

0,618 est 2,70 x 0,618 = 1,67

Ces trois chiffres que nous venons d'obtenir sont ajoutés au minimum (4,24 euros), et avec cela nous obtenons les niveaux de Support et de Résistance.

0,382 : 4,24 + 1,03 = **5,27**

0,50 : 4,24 + 1,35 = **5,59**

0,618 : 4,24 + 1,67 = **5,91**

Une fois calculés, ces niveaux (5.27 - 5.59 - 5.91) fonctionnent comme un support ou une résistance normale.

2.3.11 Rounding bottoms et rounding tops

Ce sont deux figures qui ne sont pas très courantes.

Elles apparaissent davantage dans les petites entreprises que dans les grandes, car dans de nombreux cas, ces figures sont le résultat de quelque chose qui est passé inaperçu pour la plupart des investisseurs, et qui est soudainement mis en lumière. Les grandes entreprises sont largement suivies par de nombreux investisseurs dans le monde entier, et il est donc très difficile pour tout ce qui s'y passe de passer inaperçu pendant longtemps. C'est pourquoi vous avez plus de chances de voir ces deux figures dans les petites entreprises que dans les grandes, bien qu'elles puissent également arriver dans les grandes entreprises.

Le rounding bottom est une figure d'inversion haussière. Voici un exemple dans ce graphique Amper :

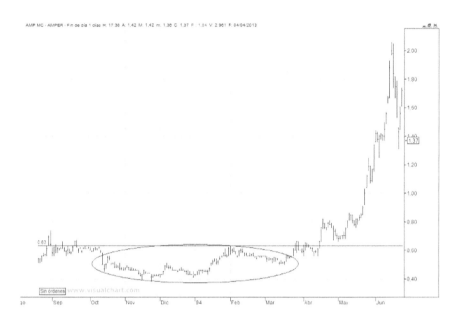

Depuis de nombreux mois, dans la zone grisée, le cours de l'action Amper dessine ce rounding bottom, produit par le manque d'intérêt des investisseurs pour la société. Soudain, le marché réalise "quelque chose", que quelques investisseurs avaient déjà détecté **mais que la plupart avaient ignoré**, et le cours de l'action Amper brise la résistance qui s'était formée pendant la construction de ce rounding bottom et augmente fortement, se multipliant même plusieurs fois.

Cette figure n'est pas facile à détecter dans ses premiers stades. Une fois que tout est terminé, comme dans le graphique ci-dessus, nous pouvons voir qu'il s'agissait d'un rounding bottom. Mais pour le moment, il est difficile de distinguer un rounding bottom d'un simple mouvement latéral qui ne mène nulle part, jusqu'à ce que les prix soient déjà très éloignés des points bas du rounding bottom. À ce moment-là, il est clair que le bottom a été atteint, mais il devient alors difficile de déterminer quand la hausse prendra fin.

Les rounding bottoms sont également appelés arrondi de creux ou soucoupe.

C'est une figure qu'il faut connaître, mais qui se produit rarement et, comme je l'ai dit, quand elle se produit, il est difficile de la détecter alors que c'est encore utile de la détecter pour en profiter.

La même chose se produit avec le rounding top, mais à l'inverse. Pour les mêmes raisons, il se produit davantage dans les petites entreprises que dans les grandes. C'est également une figure difficile à détecter dans le temps, car elle est beaucoup moins claire et définie que toutes les autres que nous avons vues auparavant. Lorsque le temps passe et que les prix ont déjà baissé, on peut voir que ce qui s'est formé il y a quelques semaines ou quelques mois était un rounding top, mais il n'est pas du tout facile de le détecter lorsqu'il se produit. Dans ce graphique, nous voyons un exemple de rounding top chez Tavex Algodonera:

La sortie des rounding tops et bottoms est généralement abrupte, et il est facile de comprendre pourquoi. Dans le cas des rounding bottoms, pendant la formation du creux, la situation de l'entreprise s'améliore de plus en plus, la sous-évaluation augmentant avec le temps, jusqu'à atteindre des niveaux de sous-évaluation très élevés. Le rounding bottom est brisé lorsque, pour une raison quelconque, l'attention de certains investisseurs qui n'avaient pas suivi l'entreprise auparavant commence à se porter sur elle. Cette attention accrue leur fait voir à quel point la société est sous-évaluée, et l'achat par ces investisseurs déclenche la reprise. Cette hausse incite davantage d'investisseurs à s'intéresser à l'entreprise, afin de comprendre pourquoi elle est en hausse. En étudiant la société, ils constatent qu'elle est encore très sous-évaluée, et leurs achats entraînent une nouvelle hausse, ce qui signifie que de nouveaux investisseurs commencent à s'intéresser à la société, etc. Comme la sous-évaluation est très importante, la hausse attire de plus en plus l'attention, et attire de nouveaux investisseurs, etc. Cela est difficile à faire dans une grande entreprise, qui est à tout moment suivie de près par la plupart des investisseurs. Avec les rounding tops, c'est à peu près similaire, mais en sens inverse.

Chapitre 3 : Indicateurs techniques principaux

3.1 Que sont les indicateurs techniques et à quoi servent-ils ?

Les indicateurs techniques sont une tentative de représenter l'analyse des graphiques comme objective. Les indicateurs techniques utilisent les mêmes informations que l'analyse graphique (cours et volumes de transactions) mais les affichent d'une manière différente.

En utilisant les mêmes données que l'analyse graphique qui affiche un graphique de prix, l'analyse technique affiche une série de "courbes" (indicateurs techniques).

En étudiant les figures graphiques, nous avons vu qu'un "grand" Triangle est différent d'un "petit" Triangle, par exemple, et qu'ils doivent être interprétés différemment. Mais nous avons également vu qu'il n'y a pas de frontière claire qui délimite les "grands" Triangles des "petits", de sorte que le même Triangle peut être "grand" pour un analyste, alors que pour un autre il peut être "petit".

Ce sont ces ambiguïtés que les indicateurs techniques tentent de résoudre. Si le RSI est à 27,89, par exemple, il est à 27,89 pour tous les analystes, et il n'est pas possible pour certains analystes de l'interpréter comme étant à 27,89 alors que d'autres pensent qu'il est à 82,15, et d'autres encore qu'il est à 67,54.

Cependant, cela ne signifie pas qu'ils résolvent totalement le problème de l'ambiguïté dans l'interprétation de l'analyse, car il **y a aussi des choses dans les indicateurs qui sont interprétables**. Les indicateurs techniques sont une bonne aide pour l'analyse des graphiques, mais **l'analyse dans son ensemble** (qui est ce qui est vraiment important) **reste quelque chose d'interprétable**, qui relève à la fois de la science, de l'art et de l'expérience.

Tous les indicateurs techniques sont calculés avec des données (cours et/ou volumes) du passé et ne constituent donc pas une prédiction du futur. On pourrait dire que chacun d'eux est un petit "résumé" du passé, et que chacun de ces "résumés" est fait d'une manière différente. Mais toujours avec des données du passé, jamais avec des données du futur, qu'il est évidemment impossible de connaître.

Chaque analyste doit interpréter ces courts "instantanés" du passé, en **essayant d'estimer** ce qu'il pense que le marché est le plus susceptible de faire à l'avenir. Nous parlons toujours de probabilités, jamais de certitudes. Il s'agit de détecter les situations dans lesquelles il existe un pourcentage très élevé de probabilité que les prix prennent une certaine direction à l'avenir.

Si nous agissons (acheter, vendre ou attendre et ne rien faire) uniquement lorsque les chances sont en notre faveur, nos résultats s'amélioreront. Bien sûr, **nous ne réussirons pas toujours, même si** les chances sont élevées. Il ne s'agit pas, loin de là, d'avoir raison à chaque fois, mais d'**améliorer notre résultat global, par rapport au résultat global que nous obtiendrions si nous n'utilisions pas tous ces outils techniques**.

Chaque indicateur utilise une formule mathématique différente, et il n'y a pas de limite au nombre de formules qui peuvent être utilisées. Chaque investisseur pourrait inventer un, ou plusieurs, indicateurs techniques. Il n'est pas normal que l'investisseur moyen invente des indicateurs techniques, mais il est courant que de nouveaux indicateurs techniques apparaissent lorsqu'ils deviennent populaires. Bien sûr, cela n'a aucun sens, ni aucune utilité, de vouloir connaître tous les indicateurs techniques qui ont été inventés. **La qualité et** l'expérience sont bien plus importantes que la quantité.

La qualité et la précision de l'analyse n'augmentent pas avec le nombre d'indicateurs techniques utilisés dans l'analyse. Il est préférable d'utiliser quelques indicateurs techniques bien connus car (pour revenir au début de cette section) il est plus important l'interprétation que chaque analyste fait de chaque indicateur que l'accumulation d'un grand nombre d'indicateurs.

D'autre part, en raison du grand nombre d'indicateurs, certains contredisent souvent les autres, de sorte qu'il ne faut pas attendre que tous les indicateurs semblent pointer dans la même direction avant d'agir.

Cela n'a pas non plus de sens de rechercher constamment des indicateurs qui nous donnent "raison". En d'autres termes, un investisseur qui souhaite que la valeur d'une entreprise donnée augmente pourra **toujours trouver un indicateur qui lui dira que cette entreprise est la plus susceptible de monter**. De la même manière, un investisseur qui souhaite qu'une entreprise chute sera toujours en **mesure de trouver un indicateur qui lui dira que l'entreprise est la plus susceptible de chuter**.

L'idée est de se familiariser et d'acquérir de l'expérience avec quelques indicateurs, pas beaucoup, afin de s'habituer **à la façon dont ces indicateurs réagissent et évoluent dans toutes sortes de situations**, et d'apprendre comment ils ont tendance à se comporter lorsque les creux ou les sommets du marché sont atteints, etc.

Il existe essentiellement deux types d'indicateurs, les indicateurs de tendance et les oscillateurs.

Les indicateurs de tendance fonctionnent mieux lorsque les prix sont dans une tendance à la hausse ou à la baisse, et les oscillateurs fonctionnent mieux lorsque les prix sont dans une tendance latérale.

En d'autres termes, les **indicateurs de tendance donnent de nombreux faux signaux lorsque la tendance est latérale, et les oscillateurs donnent de nombreux faux signaux lorsque la tendance est à la hausse ou à la baisse**.

3.2 Que sont les moyennes mobiles et à quoi servent-elles ?

Les moyennes mobiles sont le résultat du calcul, de différentes manières, de la moyenne des X dernières sessions. En fait, ce ne sont pas des "sessions", mais des "barres". Car, par exemple, la moyenne mobile de 30 dans un graphique mensuel est calculée avec les 30 derniers mois, dans un graphique hebdomadaire avec les 30 dernières semaines, dans un graphique quotidien avec les 30 derniers jours, dans un graphique horaire avec les 30 dernières heures, etc.

Les moyennes mobiles tentent de montrer la tendance des prix.

Comme nous le savons déjà, il existe des tendances à long, moyen et court terme, avec toutes les nuances que chacun veut apporter à chacune d'entre elles. Les moyennes mobiles calculées avec peu de barres montrent la tendance à court terme, et les moyennes mobiles calculées avec beaucoup de barres montrent la tendance à long terme. Ceux à moyen terme sont à mi-chemin entre les deux.

Il est très important de préciser que, comme pour les indicateurs techniques, les moyennes mobiles sont calculées avec des données du passé, et donc **ce qu'elles nous montrent est le passé, pas le futur**. Connaître le passé est utile pour augmenter le pourcentage de réussite lors de la prise de décisions dans le présent, en espérant obtenir les meilleurs résultats dans le futur. Mais le passé n'est pas l'avenir, et il est particulièrement utile de le garder à l'esprit aux moments charnières, car c'est **lorsque tout est le plus baissier que les tendances à la hausse commencent**. Et **lorsque tout est très haussier, c'est à ce moment-là que des chutes de prix importantes peuvent se produire**.

Comme je l'ai dit, il existe plusieurs façons de calculer les moyennes mobiles. Les plus couramment utilisées sont les **moyennes mobiles exponentielles**. Les principaux avantages des moyennes mobiles exponentielles par rapport aux moyennes mobiles simples sont au nombre de deux :

>1) Ils accordent plus d'importance aux sessions les plus récentes qu'aux plus anciennes. Les deux types de moyennes représentent le passé, mais l'une est plus récente que l'autre, ce qui rend le comportement des moyennes mobiles exponentielles **un peu plus rapide dans les points de retournement des prix** que celui des moyennes mobiles simples. Les moyennes mobiles exponentielles se retournent après la rotation du prix, mais avant les moyennes mobiles simples.

>2) Ils ont un profil plus lisse. En effet, en raison de la manière dont elles sont calculées, les sessions plus anciennes ne disparaissent pas soudainement de la formule de calcul, mais deviennent peu à peu moins importantes. Cela **réduit les sauts brusques** et élimine le "bruit" de la courbe moyenne, ce qui la rend plus fiable.

Normalement, les moyennes mobiles (de quelque type que ce soit) sont calculées à partir des prix de fermeture des barres, mais elles peuvent aussi être calculées à partir du prix d'ouverture, du maximum ou du minimum de chaque barre, du prix moyen de chaque barre, etc. Sauf indication contraire, il faut comprendre que toute moyenne que vous voyez quelque part a été calculée avec les prix de fermeture des barres.

En théorie, si la moyenne augmente, la tendance est haussière. La tendance du cadre temporel que la moyenne représente, logiquement. Une moyenne haussière sur 10 séances (barres) nous indique, en théorie, que la tendance à court terme est haussière, mais elle ne nous dit rien, ou très peu, sur les tendances à moyen et long terme.

Selon la théorie également, si la moyenne baisse, la tendance est baissière, et si elle zigzague alternativement vers le haut et le bas, alors la tendance est latérale.

Mais comme je l'ai déjà dit, la théorie est le passé. Aux points où, après une tendance à la baisse, une tendance à la hausse commence, toutes les moyennes pointent vers le bas, ce qui nous montre que la tendance passée jusqu'à ce point était à la baisse.

Et lorsque, après une hausse importante, les prix amorcent une baisse significative, au moment du tournant, toutes les moyennes mobiles nous indiquent que la tendance passée jusqu'à ce point a été haussière.

Selon la théorie des moyennes mobiles, une tendance haussière se termine lorsque les prix coupent la moyenne (qui est à ce moment-là haussière) à la baisse. Et une tendance baissière est terminée lorsque les prix coupent la moyenne (qui est à ce moment-là baissière) à la hausse.

Cette façon d'utiliser les moyennes, en achetant lorsqu'une moyenne baissière est coupée à la hausse, ou en vendant lorsqu'une moyenne haussière est coupée à la baisse, **ne fonctionne pas bien dans la pratique**.

Ce graphique hebdomadaire de Banco Santander en est un exemple :

La ligne la plus proche des prix est la moyenne mobile exponentielle sur 26 semaines, et la ligne la plus éloignée des prix est la moyenne mobile exponentielle sur 200 semaines.

Comme nous pouvons le voir dans le cercle ci-dessus, la moyenne mobile exponentielle à 26 semaines marque assez bien la fin de la tendance à la hausse. Cependant, dans les 3 cercles à gauche, nous voyons que la même moyenne mobile exponentielle sur 26 semaines nous aurait fait sortir du trade beaucoup plus tôt, nous faisant perdre une grande partie de la tendance à la hausse.

La moyenne mobile exponentielle à 200 semaines ne donne pas autant de faux signaux que la moyenne mobile à 26 semaines (bien qu'elle en donne un, dans le petit cercle le plus à gauche du graphique), ce qui nous permet de rester à l'intérieur de toute la hausse. Cependant, il nous donne le signal de sortie au niveau le plus bas de la chute suivante (cercle le plus à droite), ce qui est évidemment un très mauvais signe.

Par conséquent, les moyennes ne peuvent pas être utilisées automatiquement, selon la théorie des croisements entre les moyennes mobiles et les prix.

Ce que nous voyons dans ce graphique est quelque chose de très important, à savoir que **les moyennes de 200** dans les graphiques quotidiens, et surtout dans les graphiques mensuels et hebdomadaires, **sont des résistances ou des supports importants**.

Si nous regardons maintenant le petit cercle le plus à gauche et le cercle le plus à droite en tant que supports, nous voyons qu'en effet la moyenne de 200 a bien fonctionné en tant que support dans ces deux cas.

Pour les investisseurs à moyen et long terme, je trouve que le rôle des moyennes à moyen et long terme (en particulier la barre 200) en tant que support et résistance est beaucoup plus important que le trading basé sur les croisements entre les prix et les moyennes.

Toutefois, ces croisements entre les prix et les moyennes sont également à prendre en compte. Surtout lorsque les prix sont assez bon marché, ou chers, sur la base des fondamentaux, et semblent former un creux ou un sommet (bottom ou top). Dans ces cas (la détection de creux ou de sommets lorsque les fondamentaux l'indiquent), les ruptures avec la moyenne de 40 (ou une moyenne similaire, car comme nous le verrons dans quelques lignes, il y a peu de différence entre la moyenne de 37 et celle de 42, par exemple) peuvent être un bon signe de changement de tendance.

Par exemple, lorsque, après une chute, les prix remontent jusqu'à la moyenne de 40, c'est un bon signe (un de plus, pas le seul) de la fin de la tendance baissière. Et lorsque, après une hausse importante, les prix redescendent à la moyenne de 40, cela peut être un bon signe que la tendance haussière est peut-être terminée, du moins pour le moment, pour laisser place à une tendance baissière, ou latérale.

Dans les mouvements latéraux, les croisements des cotations avec les moyennes mobiles donnent constamment de faux signaux, comme on peut le voir dans cet autre graphique de Banco Santander :

Lorsque l'on analyse les moyennes en tant que support ou résistance, il faut garder à l'esprit que seules les moyennes les plus importantes doivent être prises en compte, ce qui, pour un investisseur à long terme, peut être le cas :

1) La moyenne mobile exponentielle 200, dans les graphiques mensuels, hebdomadaires et quotidiens. C'est la moyenne la plus utilisée par les investisseurs à moyen et long terme, et celle qui marque les supports et résistances les plus importants.

2) La moyenne mobile exponentielle de 26 sur le graphique hebdomadaire. 26 semaines, c'est la moitié d'une année.

3) La moyenne mobile exponentielle 40 sur le graphique quotidien. 40 séances représentent environ deux mois.

De toutes, je pense que **la plus importante de loin est la moyenne de 200.** Vous pouvez utiliser n'importe quelle autre moyenne, mais pensez qu'**à n'importe quel point où les prix s'arrêtent vous pouvez passer une moyenne**, parce que vous pouvez calculer la moyenne de 2 sessions, 3 sessions, 4, 5, 6, 7, ... 100, 101, 102, ... 500, 501, 502, ... Ainsi, toute moyenne passera par n'importe quel point du graphique.

Je considère que la moyenne de 200 est "obligatoire". Si quelqu'un préfère utiliser la moyenne de 30, 50 ou 60, par exemple, plutôt que la moyenne de 40 parce qu'elle donne de meilleurs résultats, il peut le faire. Et il en va de même pour le 26. Pour le 200, j'insiste, je recommande de toujours l'avoir dans tous les graphiques.

Il n'est pas bon d'utiliser trop de moyennes, car plus on utilise de moyennes, moins le graphique est clair, en échange de quoi on ne gagne rien. **La qualité est meilleure que la quantité.**

3.3 MACD et MACDH, et que sont les divergences et comment fonctionnent-elles ?

Le MACD est un indicateur de tendance, et c'est celui que j'aime le plus parmi tous les indicateurs de tendance. Ce n'est probablement pas "le meilleur" pour tout le monde, mais c'est l'un des plus utilisés, et c'est celui que je connais le mieux.

Je l'aime parce qu'il est **très visuel**, et parce qu'il **montre très bien les cycles de l'économie dans des graphiques à très long terme**.

Le MACD est un système évolué et raffiné d'affichage des moyennes mobiles que nous venons de voir, donc il donne moins de faux signaux que les moyennes mobiles exponentielles normales.

Le MACD est composé de deux lignes, une ligne pleine et une ligne en pointillés.

Le MACDH (ou histogramme MACD) est représenté sous forme de graphique à barres, où chaque barre représente la différence entre les deux lignes MACD. Je pense qu'il est préférable de le regarder graphiquement avant de continuer :

Voici un graphique mensuel de l'Ibex 35 entre 1996 et 2012. Comme vous pouvez le constater, les hauts et les bas du MACD (la ligne pleine et la ligne pointillée) coïncident assez bien avec les hauts et les bas des prix. C'est pourquoi le MACD mensuel me semble être une bonne représentation graphique des cycles, ou étapes, par lesquels passe l'économie. Si vous regardez les graphiques mensuels d'autres indices ou de sociétés spécifiques, vous verrez qu'en général, la même chose se produit : **les hauts et les bas du MACD mensuel**

coïncident assez bien avec les phases de l'économie réelle que traverse un pays, une zone géographique ou une société spécifique.

Je trouve ce fait très important, et je pense qu'il faut souligner clairement ce qu'il signifie. Le MACD sur les graphiques mensuels n'est pas simplement une "ligne". Peut-être s'agit-il d'une "bande calculée avec une formule étrange", mais le fait est que cette "bande" coïncide généralement assez bien avec les cycles boursiers à long terme.

Le MACD n'a pas de limites, ni au-dessus ni au-dessous. Il peut prendre n'importe quelle valeur. Il est construit en utilisant les moyennes mobiles que nous avons déjà vues.

Il n'est pas nécessaire de connaître la formule utilisée pour calculer le MACD (ou tout autre indicateur), mais il est important de comprendre ce que chacun d'eux représente. Le logiciel que vous utilisez pour analyser les graphiques fera tous ces calculs pour vous, vous ne devez donc en aucun cas les faire vous-même. Votre tâche consiste à interpréter ces informations, et non à effectuer les calculs mathématiques. Pour les lecteurs qui aiment les mathématiques, il peut être utile de connaître la manière exacte de calculer le MACD et le MACDH. Examinons ces calculs en détail (Note : si vous n'aimez pas les maths, ne vous inquiétez pas si vous ne voyez pas clairement les lignes suivantes, vous pouvez vous "déconnecter" jusqu'à ce que je vous le dise).

La manière de calculer le MACD est la suivante :

1) La moyenne mobile exponentielle à 12 barres est calculée avec les prix de fermeture de chaque barre.

2) La moyenne mobile exponentielle de 26 barres est calculée avec les prix de fermeture de chaque barre.

3) De la moyenne mobile exponentielle à 12 barres que nous venons de calculer, nous soustrayons la moyenne mobile

exponentielle à 26 barres que nous venons également de calculer. Il s'agit de la ligne continue de la MACD. On l'appelle aussi la ligne rapide.

4) Nous calculons la moyenne mobile exponentielle à 9 barres de la ligne solide (ou rapide) que nous venons de calculer au point précédent. Il s'agit de la ligne pointillée, ou lente, du MACD.

Le MACDH est calculé en soustrayant la ligne en pointillés de la ligne MACD pleine :

MACDH = ligne pleine - ligne pointillée

ou, pour le dire de manière plus significative :

MACDH = ligne rapide - ligne lente

Ceux qui n'aiment pas les mathématiques doivent se "reconnecter" ici.

La chose importante à comprendre est que le MACD est composé de deux lignes. Les deux représentent le passé, mais **la ligne pleine représente un passé plus proche que la ligne pointillée**. C'est pourquoi la ligne pleine est appelée la ligne rapide (elle tourne plus tôt dans les changements de tendance, en raison de la façon dont elle est calculée), et la ligne en pointillés est appelée la ligne lente, car elle tourne plus tard dans les changements de tendance que la ligne rapide.

Le MACDH nous montre la différence entre les deux lignes, à quel point elles sont proches ou éloignées l'une de l'autre. **Le MACDH indique si la tendance actuelle est en hausse ou en baisse.** Si la hauteur (dans le cas d'une tendance à la hausse) ou la profondeur (dans le cas d'une tendance à la baisse) des barres augmente, alors la force de cette tendance augmente. Et si la hauteur ou la profondeur de ces barres diminue, alors la tendance actuelle perd de sa force. C'est pourquoi, dans le MACDH, il est très important de savoir si les barres sont plus grandes ou plus petites que les barres précédentes.

Lorsque, après une baisse des prix, la ligne rapide coupe vers le haut la ligne lente, nous avons un signal haussier. En effet, la ligne rapide correspond au passé le plus récent, ce qui signifie que le passé le plus récent est plus haussier que le passé le moins récent (qui était baissier). Et donc, la tendance est peut-être en train de changer. Les **tendances à la hausse**, rappelons-le, **commencent juste après que la tendance à la baisse précédente ait atteint son point le plus bas**.

Et lorsque, après une hausse des prix, la ligne rapide coupe la ligne lente, nous avons un signal baissier. Parce que la ligne rapide correspond au passé le plus récent, ce qui signifie que le passé le plus récent est plus baissier que le passé le moins récent (qui était haussier). Et, par conséquent, cela peut changer la tendance. Les **tendances baissières**, rappelons-le, **commencent juste après que la tendance haussière précédente ait atteint son sommet euphorique**.

Comme vous pouvez le constater, dans les deux lignes, nous parlons du passé. Nous avons déjà vu que tous les indicateurs sont calculés avec des données du passé, jamais avec des données du futur (que, évidemment, nous ne connaissons jamais). C'est pourquoi le MACD montre les changements de tendance avec un peu de retard. Mais il s'agit d'un petit retard, suffisamment faible pour être utile à la prise de décision.

Lorsque la tendance est latérale, les ruptures d'une ligne par rapport à l'autre ne sont pas significatives, et ne donnent pas d'informations vraiment utiles, car ce sont de faux signaux.

Il est important de regarder la position du MACD au-dessus de la ligne 0 (c'est la ligne horizontale noir que vous pouvez voir dans le graphique ci-dessus).

D'un point de vue à moyen et long terme, **les moments les plus favorables pour acheter sont lorsque la ligne MACD est clairement en dessous de 0, et plus elle est en dessous de 0, mieux c'est**. C'est à ce moment-là que vous entendrez le plus souvent les traders à court terme dire que la tendance est baissière, que vous ne devriez jamais penser à acheter, etc. Tout cela est correct pour les traders à court terme, en raison de leur façon d'investir, mais pas pour les investisseurs à moyen et long terme (nous parlons toujours d'investir dans des sociétés de bonne qualité, bien sûr).

Ces périodes où la ligne MACD est bien en dessous de 0 sont aussi celles où l'on entend le plus souvent de nombreux investisseurs dire des choses comme "dès que j'achète quelque chose, ça baisse". Cela s'explique par le fait qu'il est très difficile d'obtenir le niveau le plus bas possible. Mais l'important, c'est que ce sont les moments les plus propices à l'achat pour les investisseurs à moyen et long terme, qui doivent avoir les yeux fixés non pas sur les prochains mois, mais beaucoup plus loin, et essayer d'acheter le moins cher possible (sachant que l'on ne peut toucher les points bas que par hasard). Il ne s'agit pas de toucher les creux, il s'agit d'**acheter des sociétés de qualité à un prix aussi bas que possible**.

Dans le cas des traders à moyen terme qui vendent, ils doivent **chercher à vendre lorsque le MACD est bien au-dessus de 0, et plus il est au-dessus de 0, mieux c'est**. De même, c'est probablement à ce moment que vous entendrez le plus de traders à court terme dire que le marché est très haussier, qu'il ne faut pas penser à vendre, etc. De même, tout ceci est correct pour les traders à court terme, mais les investisseurs à moyen terme devraient chercher le moment de vendre.

Le MACDH donne des signaux légèrement plus précoces que le MACD. C'est bien quand c'est correct, mais ça lui fait aussi donner plus de faux signaux.

Examinons deux scénarios très courants. Lorsqu'une tendance haussière débute après une chute, les barres MACDH commencent à devenir moins profondes avant que la ligne rapide MACD ne coupe la ligne lente vers le haut. Mais il y a aussi de nombreuses occasions où, après que les barres MACDH soient devenues moins profondes, les lignes MACD ne parviennent pas à passer et les prix continuent à baisser. Prenons un exemple avec le graphique mensuel de l'Ibex 35 que nous avons vu précédemment :

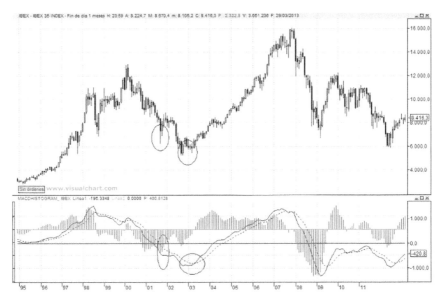

Examinons d'abord les cercles de droite, à la fois sur le graphique des prix et sur le graphique MACD-MACDH. Nous voyons que dans ce cas, les barres MACDH marquent le minimum avant les lignes MACD, car les barres MACDH commencent à devenir moins profondes quelques mois avant que les lignes MACD ne soient coupées.

Mais si nous regardons maintenant les cercles de gauche (sur le graphique des prix et le graphique MACD-MACDH), nous voyons que les barres MACDH perdent beaucoup de profondeur, mais que les lignes MACD ne se coupent pas, et que les prix retombent en dessous des bas marqués dans le cercle le plus à gauche sur le graphique des prix.

Comment gérer cela ? Comment savoir si le MACDH donne un faux signal ou non ?

Je crois que la meilleure chose à faire, même si elle n'est pas infaillible car rien ne l'est, est de prendre en compte **notre opinion sur les fondamentaux de l'entreprise pour prendre la décision d'acheter, comme cela devrait toujours être fait.**

Si nous pensons que la société que nous analysons sur la base de ses fondamentaux est très bon marché, nous pouvons commencer à acheter lorsque les barres MACDH commencent à perdre de la profondeur, avant que les lignes MACD ne soient coupées.

Et si la société semble bon marché, mais pas excessivement bon marché, il est probablement plus prudent d'attendre la rupture des lignes MACD.

Un autre signal très important du MACD et du MACDH sont les **divergences**. Les divergences sont communes à tous les indicateurs. Ce sont des signaux très importants, qui doivent être pris en compte. Nous allons voir en détail quelles sont les divergences actuelles, et cela sera utile pour tous les autres indicateurs que nous verrons plus tard. Nous utiliserons le même graphique mensuel de l'Ibex 35 :

Analyse technique et chandeliers japonais pour les investisseurs à moyen et long terme

Sur le côté gauche, marqué par deux lignes épaisses, nous voyons la bulle Internet. Alors qu'au début de l'année 2000, les prix ont atteint un sommet plus élevé qu'au milieu de l'année 1998, les sommets du MACD et du MACDH au début de l'année 2000 sont inférieurs à ceux atteints au milieu de l'année 1998. Il s'agit d'une divergence baissière, qui indiquait que la hausse des cours du début de l'année 2000 n'était probablement pas fiable (nous en sommes maintenant certains, mais les décisions doivent être prises dans le présent, pas dans le passé), et qu'il y avait de fortes chances que le marché boursier chute de manière significative.

Sur le côté droit du graphique, nous voyons une divergence haussière, marquée par deux autres lignes épaisses. Au cours de l'été 2012, l'Ibex 35 tombe à un niveau plus bas qu'au début de 2009. Mais les creux MACD et MACDH sont moins profonds à l'été 2012 qu'au début 2009. Il s'agit d'une divergence haussière très importante, qui pourrait signaler la fin de la crise qui a débuté en 2007.

Les divergences sont probablement le signal le plus important donné par tous les indicateurs, donc dans tout graphique que nous analysons, nous devons rechercher les divergences possibles entre les prix et les indicateurs.

La taille des divergences est importante. **Plus la divergence est importante** (mesurée par la hauteur ou la profondeur des pics de l'indicateur et du prix), plus la **divergence est fiable** et plus le **mouvement ultérieur du prix est**, en principe, **important.**

Par exemple, si le prix atteint 10,00 £ au premier sommet et 10,25 £ au deuxième sommet, la divergence sera plus petite que s'il avait atteint 10,00 £ au premier sommet et 12,00 £ au deuxième sommet. On peut dire la même chose des niveaux que le MACD et le MACDH atteignent à chacun de leurs sommets : plus cette différence est grande, plus la divergence est grande, et plus cette divergence est importante. Pour les divergences baissières, logiquement, la taille des divergences est mesurée de manière similaire, avec les bas plutôt que les hauts, et a les mêmes implications.

Plus une divergence est petite, moins elle est fiable et, si elle fonctionne, moins elle est susceptible de produire un mouvement de prix important. Mais, comme toujours, cette règle n'est pas valable dans tous les cas, et de petites divergences peuvent produire de grands mouvements de prix.

La frontière entre les "grandes", "petites" et "moyennes" divergences ne peut pas être établie de manière objective, c'est quelque chose qui doit être vu avec l'expérience.

Il existe un deuxième type de divergence, un peu moins fiable, qui diffère de ce que nous venons de voir dans la mesure où les deux hauts ou bas de prix sont au même niveau. Cela se produit dans les double bottoms et les double tops, par exemple, où les deux bottoms ou tops de prix sont au même niveau. Voici un exemple dans ce graphique quotidien d'Aegon :

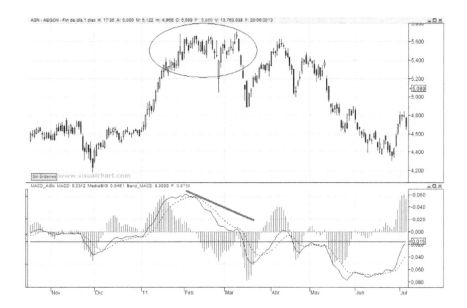

Bien que ces divergences soient considérées comme un peu moins fiables, comme je l'ai dit précédemment, ce sont celles qui se produisent (quand elles se produisent) dans les double bottom et les double tops, qui sont des figures de rendement assez fiables, donc la fiabilité de ces divergences dans ces cas est également assez bonne.

Le troisième type de divergence est le moins fiable, et il ne vaut généralement pas la peine de négocier (acheter ou vendre) parce qu'une telle divergence s'est produite, bien qu'elles fonctionnent parfois. Ce troisième type de divergence est une situation où les prix atteignent un nouveau sommet ou un nouveau creux, mais où l'indicateur reste au même niveau que le sommet ou le creux précédent. Regardons un exemple dans ce graphique quotidien de Danone :

Comme nous pouvons le voir, dans ce cas, les prix tombent à un nouveau bas, mais le MACD reste à ce deuxième bas à presque le même niveau qu'il a atteint au bas précédent. Il s'agit également d'une divergence haussière, bien qu'assez faible, et dans cet exemple nous voyons qu'elle n'a pas fonctionné (Note : dans ce cas, la divergence MACDH est plus claire, car le deuxième creux est moins profond que le premier).

Il existe des **divergences triples**, qui sont les mêmes que celles que nous avons vues jusqu'à présent, la seule différence étant qu'elles ont trois pics, ou trois creux, au lieu de deux.

L'avantage des divergences triples par rapport aux divergences normales est qu'elles sont plus fiables. Et **l'inconvénient est que nous avons généralement déjà acheté ou vendu lorsque la divergence normale apparaît**. En d'autres termes, si quelqu'un pense qu'à un moment donné, Intel est fondamentalement bon marché à 50 dollars et qu'une divergence haussière se produit (avec d'autres facteurs que nous examinons dans ce livre, comme le fait qu'il se trouve sur un support, etc. Si Intel tombe ensuite à 40 dollars et forme une triple divergence haussière, elle sera encore moins chère fondamentalement, et l'image technique sera beaucoup plus fiable. Mais l'investisseur qui a vu la divergence normale a probablement déjà acheté des actions Intel, et n'a plus l'argent pour acheter d'autres actions Intel.

C'est le principal inconvénient des divergences triples, car je ne connais aucune méthode permettant d'estimer la probabilité qu'une divergence triple se produise, ou non, lorsqu'une divergence normale est déjà apparue. Mais il y aura des moments où un investisseur ne verra pas la divergence normale (pour une raison quelconque) et verra la divergence triple. Ou bien il a apporté de l'argent frais (travail, dividendes, etc.) entre la divergence double et la divergence triple, et peut acheter plus d'actions lorsque la divergence triple se produit.

Ce qui est clair, c'est que les divergences triples sont beaucoup plus fiables que les divergences normales, même si elles prennent généralement les investisseurs à contre-pied, parce qu'ils ont acheté ou vendu lorsque la divergence normale apparaît.

Ce qu'il y a de bien avec les divergences triples, c'est qu'elles sont très rares et qu'elles nous surprennent rarement.

Ce que j'ai expliqué dans cette section à propos des divergences est le même pour tous les autres indicateurs que nous examinons. Je ne vais pas le répéter pour les autres indicateurs, car il serait inutile d'écrire la même chose, mais gardez toujours à l'esprit que **les signaux les plus importants de tous les indicateurs sont leurs divergences avec les prix.** Par conséquent, lorsque vous étudiez un indicateur, regardez toujours ses éventuelles divergences avec les prix.

En raison de la manière dont la MACDH est calculée, nous devons indiquer au logiciel que nous utilisons de représenter la MACDH sous une forme inversée, afin de la voir (et de l'interpréter) comme indiqué dans ce livre. Sinon, elle l'affichera à l'envers comme dans les graphiques que nous venons de voir, de sorte que la MACD baissera quand les prix monteront, et à l'envers, et elle sera moins intuitive, ce qui entraînera plus d'erreurs d'interprétation. Cela se fait normalement en sélectionnant l'option correspondante d'un clic, c'est très facile à faire.

Les MACD et MACDH sur les graphiques hebdomadaires sont utilisés de manière similaire à ce que nous venons de voir, bien qu'ils soient plus importants et donnent des signaux plus fiables sur le graphique mensuel que sur le graphique hebdomadaire.

Et les graphiques journaliers, en théorie, sont également utilisés de la même manière, mais dans ce cas ils donnent plus de faux signaux, et sont plutôt moins fiables. Il est bon de les regarder, mais de leur accorder beaucoup moins d'importance.

En résumé, je recommande vivement l'utilisation du MACD et du MACDH sur le graphique mensuel, car je pense qu'il s'agit de l'un des indicateurs les plus utiles et les plus fiables qui soient. Je le recommande également sur le graphique hebdomadaire, car bien que sa fiabilité soit un peu plus faible, elle reste assez élevée. En cas de divergence, il convient de privilégier le graphique mensuel. Les MACD et MACDH sur le graphique quotidien peuvent être consultés, mais leur fiabilité est bien moindre. Et le fait qu'ils nous donnent de nombreux faux signaux sur le graphique journalier ne doit pas nous amener à négliger les signaux donnés sur les graphiques mensuels et hebdomadaires, qui sont à mon avis très importants.

3.4 Stochastique et Williams %R

Le stochastique et le Williams %R sont deux indicateurs assez similaires. Tous deux sont des oscillateurs, c'est-à-dire qu'ils **fonctionnent bien dans les tendances latérales, et mal dans les tendances haussières ou baissières**.

Le stochastique a trois paramètres, qui prennent généralement les valeurs 14-3-3. Pour le moyen et le long terme, je préfère les paramètres 14-6-3, car le profil qu'il dessine est plus lisse.

Examinons un graphique de l'Ibex 35 avec trois indicateurs. Celle du haut est la stochastique avec les paramètres 14-6-3, celle du milieu est la stochastique avec les paramètres 14-3-3-3 et celle du bas est le Williams %R :

Comme vous pouvez le constater, les trois sont similaires. La principale différence est que **le stochastique 14-6-3 a un profil plus lisse et donne moins de faux signaux pour les investisseurs à**

moyen et long terme, alors que le Williams %R est beaucoup plus "nerveux" et a plus de hauts et de bas. Le stochastique 14-3-3 est à mi-chemin entre les deux.

En raison de son profil plus lisse et de son faible nombre de faux signaux, je pense que pour les investisseurs à moyen et long terme, le stochastique 14-6-3 est préférable, mais si, pour une raison, vous préférez l'un ou l'autre, n'hésitez pas à l'utiliser. Vous pouvez même utiliser la stochastique avec d'autres paramètres qui vous semblent meilleurs.

Voyons comment ces deux indicateurs sont calculés (Note : Ceux d'entre vous qui n'aiment pas les maths peuvent déconnecter à nouveau, jusqu'à ce que je vous le dise).

Comment calculer le %R de Williams :

Choisissez d'abord la période de temps sur laquelle le Williams %R doit être calculé. Elle est généralement de 14 mesures, mais peut être supérieure ou inférieure. Plus ce nombre est élevé, plus le profil du Williams %R est lisse et moins il donne de faux signaux. Et plus ce chiffre est bas, plus l'indicateur est nerveux, et plus il donne de faux signaux. Pour les traders à court terme, un chiffre faible peut être bon, mais pour le moyen et long terme, 14 est le paramètre le plus utilisé. Choisissons 14 pour développer la formule.

Williams %R = (haut des 14 dernières barres - fermeture de la dernière barre) / (haut des 14 dernières barres - bas des 14 dernières barres) x 100

Comment calculer le stochastique :

Le calcul se fait en plusieurs étapes.

Tout d'abord, nous calculons la constante K, et pour ce faire, nous devons choisir le nombre de barres sur lesquelles nous allons la calculer. Ce paramètre est le premier des trois que j'ai mentionnés il y a quelques lignes, le numéro 14.

K = (fermeture de la dernière barre - minimum des 14 dernières barres) / (maximum des 14 dernières barres - minimum des 14 dernières barres) x 100

Ensuite, on calcule la ligne %K, qui est la somme de X barres de K. Ce "X" est le deuxième paramètre, celui dont je parlais, qui était compris entre 3 et 6.

Enfin, la ligne %D est la moyenne mobile exponentielle des barres Y de la ligne %K. Ce "Y" est le troisième des paramètres, qui dans notre exemple était 3, et est le plus courant.

Note : Il existe plusieurs façons de calculer la stochastique, que vous pouvez trouver sur internet, avec des résultats similaires. J'ai décrit ce que je crois être les plus courants. Il existe un stochastique rapide (le stochastique original, inventé par George C. Lane et plus axé sur le court terme), et un stochastique lent, qui est celui que nous avons vu. Mais les deux peuvent être calculés avec des moyennes mobiles exponentielles, simples ou non.

Ceux qui n'aiment pas les mathématiques doivent se "reconnecter" ici.

La chose importante à savoir est que le stochastique est composé de 2 lignes. Un rapide (%K) et un lent (%D), similaire à ce que nous avons vu avec le MACD. De même, les deux lignes représentent le passé, mais la ligne rapide (%K) est un passé plus récent que la ligne lente (%D). En général, la ligne %K est la ligne pleine, et la ligne %D est la ligne en pointillés.

Le %R de Williams et le stochastique sont tous deux basés sur la même idée. Cette idée est que **lorsqu'une tendance à la hausse se** développe, **la fermeture de la dernière barre est généralement assez proche du sommet des dernières barres**. Il peut arriver que, dans une tendance haussière, la fermeture d'une barre soit nettement inférieure au sommet des dernières barres, mais ce n'est pas habituel. De même, **lorsqu'une tendance à la baisse se développe, la fermeture de la dernière barre est généralement assez proche du plus bas des dernières séances**.

Cela implique que lorsqu'une tendance à la hausse touche à sa fin, **la fermeture de la dernière barre** est généralement (mais pas toujours) de plus en plus éloignée **du sommet des dernières barres**. Et lorsqu'une tendance baissière se termine, la fermeture de la **dernière barre est de plus en plus éloignée du bas des dernières barres**.

Le %R de Williams prend des valeurs entre 0 et 100. Il est généralement tracé entre 0 et -100, 0 étant le niveau maximum de surachat et -100 le niveau maximum de survente.

Le stochastique prend des valeurs entre 0 et 100. Il ne peut jamais prendre des valeurs inférieures à 0 ou supérieures à 100. 100 est le niveau maximum de surachat, et 0 est le niveau maximum de survente.

Deux lignes horizontales sont tracées sur le stochastique, qui marquent les zones de surachat et de survente. Ces deux lignes sont généralement placées à 80 et 20, ou 70 et 30. Elles peuvent être placées où chaque investisseur le souhaite, mais ces valeurs sont les plus courantes. Elles sont simplement utilisées pour donner un peu plus de clarté au graphique, il n'est pas très important d'utiliser l'une ou l'autre des valeurs, et elles n'affectent en rien le calcul de la stochastique.

Si elles sont à 30 et 70, par exemple, cela indique que la zone de survente se situe entre 0 et 30, et que la zone de surachat se situe entre 70 et 100. Il s'agit **simplement d'une référence visuelle**, ces chiffres n'ont aucune influence sur le calcul du stochastique, comme je l'ai dit avant. Dans le Williams %R, ces deux lignes sont aussi habituellement tracées, aux mêmes valeurs et avec les mêmes caractéristiques : il s'agit simplement d'une référence visuelle. Dans les deux cas, vous pouvez placer ces références horizontales aux endroits où elles sont le plus utiles.

Les signaux les plus importants du stochastique sont les **divergences**. Ils fonctionnent de la même manière que dans MACD, je ne vais donc pas répéter ce que j'ai expliqué en parlant de MACD et MACDH. Mais il doit être clair que ce qui est le plus important concernant le stochastique est de rechercher ces divergences entre les lignes du stochastique et les cotations.

Les autres signaux donnés par le stochastique sont les croisements entre ses lignes.

Lorsque la ligne rapide (%K) coupe vers le haut la ligne (%D) se trouvant dans la zone de survente, nous avons un signal d'achat.

Et lorsque la ligne rapide (%K) se coupe à la ligne (%D) se trouvant dans la zone de surachat, nous avons un signal de vente. Un signal de vente pour les investisseurs à court et moyen terme, et un signal "ne pas acheter" pour les investisseurs à long terme.

En revenant au graphique ci-dessus, nous voyons que dans la zone grisée la plus à gauche (c'est-à-dire dans les mouvements latéraux), le stochastique signale les hauts et les bas de manière acceptable. Mais lorsque l'on entre dans une tendance, comme nous le voyons dans la zone ombragée la plus à droite, les signaux stochastiques sont très peu fiables.

Lorsque dans une tendance latérale, le stochastique devient suracheté et commence à baisser, il indique que la fermeture de la dernière barre s'éloigne de plus en plus du sommet des derniers jours et donc qu'un mouvement à la baisse est susceptible d'être initié.

Et lorsque, dans une tendance latérale, le stochastique devient survendu et commence à augmenter, il indique que la fermeture de la dernière barre s'éloigne de plus en plus du niveau le plus bas des derniers jours, et donc qu'il est probable qu'un mouvement à la hausse commence.

Entrons dans le détail de la fiabilité des signaux stochastiques lorsque nous sommes dans une tendance.

Dans une tendance haussière, les signaux d'achat (lorsque la ligne rapide %K coupe vers le haut la ligne lente %D) sont relativement fiables, mais les signaux de vente (lorsque la ligne rapide %K coupe vers le bas la ligne lente %D) ne le sont pas. Une autre chose qui se produit également est que dans les tendances haussières, le stochastique n'entre généralement pas dans la zone de survente, de sorte que ces signaux d'achat fiables se produisent généralement au-dessus de la zone de survente (celle entre 20 et 30, que nous avons vu il y a quelques lignes).

Et dans une tendance baissière, les signaux de vente (lorsque la ligne rapide %K descend jusqu'à la ligne lente %D) sont relativement fiables, mais les signaux d'achat (lorsque la ligne rapide %K remonte jusqu'à la ligne lente %D) ne le sont pas. De même, dans les tendances baissières, le stochastique n'entre généralement pas dans la zone de surachat, et donc ces signaux de vente fiables se produisent généralement sous la zone de surachat (celle qui est généralement marquée entre 70 et 80, et que nous avons vue il y a quelques lignes).

Tous ces signaux sont importants, mais je vous rappelle, car il faut être clair, que les signaux les plus importants sont les divergences.

3.5 RSI

Le RSI est également connu sous le nom d'indice de force relative.

Il est basé sur un principe similaire à celui du stochastique et du Williams %R, à savoir que **plus la fermeture de la dernière barre est élevée par rapport aux fermetures des barres précédentes, plus la tendance à la hausse est forte. Et plus la fermeture de la dernière barre est basse par rapport aux fermetures des barres précédentes, plus la tendance à la baisse est forte.**

Le RSI ne prend en compte que les fermetures des barres, alors que le Stochastique et le Williams %R ont pris en compte les hauts et les bas des barres sur lesquelles ils ont été calculés. Le cours de fermeture est le cours le plus important de la journée, pour plusieurs raisons. Dans le monde du trading, on considère que c'est le moment où les traders et les investisseurs les plus avertis négocient le plus. Il s'agit d'une affirmation courante, bien que je ne puisse pas vraiment fournir de preuve que c'est réellement le cas.

Ce qui se passe, c'est que les prix de fermeture sont utilisés pour régler les pertes et profits quotidiens des produits dérivés (options, contrats à terme, etc.), ce qui signifie que le prix de fermeture de chaque jour influence directement les **transferts d'argent** qui auront lieu ce jour-là entre les personnes détenant des positions ouvertes sur ces produits dérivés. Les cours de fermeture sont également utilisés pour calculer la valeur des parts de fonds communs de placement à chaque séance, qui est le prix que les porteurs de parts voient et auquel ils achètent et vendent, ainsi que les règlements de nombreux fonds et dépôts structurés. Et c'est le prix que la plupart des gens voient, car c'est le prix qui est diffusé dans tous les types de médias de la fermeture d'une session à l'ouverture de la session suivante, etc. C'est probablement pour toutes ces raisons, ou du moins pour certaines d'entre elles, que l'affirmation selon laquelle il s'agit d'un **prix que de nombreux négociants et investisseurs ayant des connaissances et une capacité économique tentent d'influencer** est vraie.

C'est pourquoi il est important de suivre les mouvements de fermeture des prix, et c'est ce que fait le RSI.

La formule de calcul du RSI est la suivante (Note : ceux d'entre vous qui n'aiment pas les maths peuvent déconnecter pendant un moment, je vous préviendrai) :

RSI = 100 - (100 / (1 + RS))

RS = Moyenne des fermetures haussières de la période sélectionnée / Moyenne des fermetures baissières de la période sélectionnée.

Comme pour tous les indicateurs, chacun peut modifier les paramètres comme il le souhaite, mais dans ce cas, il est plus courant d'utiliser 14 comme période de calcul.

Voilà, ceux qui n'aiment pas les maths peuvent se "reconnecter".

Le RSI prend des valeurs entre 0 et 100. Et aussi deux lignes horizontales sont généralement tracées pour marquer visuellement les zones de surachat et de survente souhaitées par chaque investisseur. Les valeurs les plus courantes sont les mêmes que pour le stochastique et le Williams %R, 20 et 80 ou 30 et 70.

En principe, le RSI est un oscillateur tout comme le Stochastique ou le Williams %R, mais ses divergences fonctionnent bien sur toutes les échelles de temps, et c'**est un indicateur où l'analyse graphique fonctionne très bien.** Cela peut sembler un peu étrange au premier abord, mais les tableaux d'indicateurs peuvent également être analysés graphiquement. Ce n'est pas très courant, mais c'est possible.

Dans tous les indicateurs, nous pouvons dessiner des triangles, des ETE, des canaux, etc. Il n'est pas très courant de procéder ainsi, comme je l'ai dit avant, et je ne pense pas que ce soit très pratique pour un investisseur à moyen ou long terme qui dispose de peu de temps. Faire une analyse graphique de chaque indicateur sur chaque graphique est une tâche très ardue, et je ne pense pas que la plupart des investisseurs trouvent que cela vaut le temps qu'il faut pour le faire.

Mais une caractéristique importante du RSI est qu'il a **tendance à briser ses lignes de tendance avant les prix**. Il n'est pas infaillible, évidemment, mais le RSI a un bon pourcentage de réussite en la matière. En regardant les lignes de tendance du RSI sur les graphiques mensuels et hebdomadaires, je le recommande. Si vous souhaitez l'examiner également sur les graphiques quotidiens et si vous avez le temps de le faire, cela ne me pose aucun problème.

Dans ces deux graphiques mensuels, nous pouvons voir que la ligne de tendance baissière à moyen terme qui a commencé en 2007 dans l'Ibex 35 est cassée plus tôt dans le RSI que dans les prix :

Tout d'abord, le RSI casse sa ligne de tendance baissière, avant que les prix ne le fassent.

Et les prix rompent alors leur pente descendante.

Dans ce graphique hebdomadaire de Unilever, nous voyons une divergence baissière et une divergence haussière (vous pouvez les revoir) parce qu'il est très important d'être clair :

Les lignes épaisses du côté gauche marquent la divergence baissière. Nous voyons que lorsque les prix atteignent un nouveau sommet, le deuxième sommet du RSI est inférieur au sommet précédent, formant une divergence baissière, après quoi les prix chutent.

Les lignes épaisses du côté droit marquent une divergence haussière. Dans ce cas, les prix atteignent un nouveau creux, alors que le RSI ne descend pas en dessous du creux précédent. L'idéal théorique des divergences est que le deuxième creux de l'IFR soit moins profond que le premier. Dans ce cas, cela ne se produit pas, mais les deux points bas du RSI sont à la même hauteur. Ces types de divergences sont un peu moins fiables que les divergences "idéales", mais elles doivent également être prises en compte. Dans ce cas, cela a fonctionné, comme vous pouvez le voir.

Les divergences du RSI et les ruptures de lignes de tendance propres au RSI qui anticipent les ruptures de lignes de tendance des prix me semblent être des signaux très importants, c'est pourquoi j'utilise le RSI sur tous les graphiques.

3.6 Accumulation / Distribution

L'indicateur Accumulation / Distribution analyse les volumes de transactions.

Si le prix de fermeture d'une session est supérieur au prix d'ouverture de cette session, une partie du volume de cette session est ajoutée au total accumulé jusqu'à présent dans l'indicateur Accumulation/Distribution.

Et si le prix de fermeture d'une session est inférieur à son prix d'ouverture, alors une partie du volume de cette session est soustraite du total accumulé jusqu'à présent dans l'indicateur Accumulation/Distribution.

La partie du volume qui est ajoutée ou soustraite dans chaque session dépend de la distance entre le prix d'ouverture et le prix de fermeture de la session, d'une part, et entre le prix haut et le prix bas de la session, d'autre part.

Plus la séance a été haussière (ou baissière), plus le pourcentage du volume total ajouté (ou soustrait) au volume cumulé jusqu'à ce point est élevé.

Cet indicateur est basé sur le fait qu'il n'est pas possible d'acheter ou de vendre des actions en grande quantité dans un court laps de temps, car les prix bougeraient trop. Un gros investisseur qui tenterait d'acheter beaucoup d'actions en peu de temps provoquerait une forte hausse des prix et finirait par acheter beaucoup plus que prévu. La même chose se produirait lors de la vente : vendre beaucoup d'actions en un court laps de temps entraînerait une chute importante des prix, donc le gros vendeur finirait par obtenir un montant beaucoup plus faible que prévu pour ses actions.

Le nom de l'indicateur est dû à ce qui suit. Lorsqu'une personne achète petit à petit un grand nombre d'actions, en essayant d'acheter le moins cher possible, on dit qu'elle accumule des actions. Et lorsqu'une personne vend un grand nombre d'actions petit à petit, en essayant de vendre le moins cher possible, on dit qu'elle distribue des actions.

L'Accumulation / Distribution (ou A/D) peut prendre n'importe quelle valeur. Cet indicateur ne comporte pas de zones de surachat ou de survente. Normalement, la courbe d'accumulation/distribution est similaire à la courbe des prix, auquel cas elle ne donne aucune information. Si les prix baissent, il est normal que l'Accumulation/Distribution baisse également. Et lorsque les prix augmentent, il est également normal que l'Accumulation / Distribution augmente. **La seule chose qui compte dans cet indicateur est la divergence entre l'indicateur et les prix.** Si les prix baissent et que l'indicateur Accumulation/Distribution augmente, il y a une divergence haussière, et il est possible que de grands investisseurs accumulent des actions. Dans ce graphique de Meliá Hotels, nous voyons une divergence haussière de l'Accumulation/Distribution :

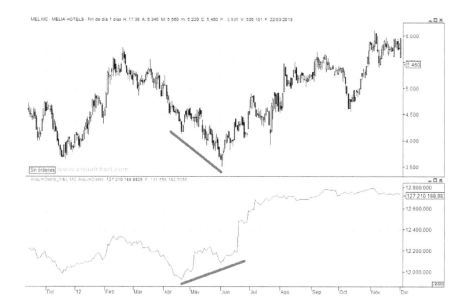

Si les prix augmentent et que l'indicateur Accumulation/Distribution diminue, il y a une divergence baissière, et il est possible que de grands investisseurs distribuent des actions. Nous voyons un exemple de divergence baissière dans ce graphique de Sacyr Vallehermoso :

Les divergences de l'Accumulation/Distribution avec les prix peuvent durer des mois, jusqu'à ce que les prix finissent par "tenir compte" de la divergence (quand ils le font, bien sûr). Il est important de garder cela à l'esprit, car **les divergences dans d'autres indicateurs sont généralement résolues plus rapidement**, et si nous attendons la même vitesse dans l'Accumulation/Distribution, nous croirons souvent qu'il nous a donné un faux signal, alors que ce qui se passe est que la divergence que nous voyons sur le graphique n'a pas encore pris effet. Il est normal que les divergences Accumulation/Distribution prennent effet des mois après leur apparition, et il est très important de le savoir et d'en tenir compte, car il s'agit d'une **différence importante avec les autres indicateurs**.

3.7 Ligne avant/arrière

Cet indicateur est déjà abordé dans un autre de mes livres, à la section 3.8 du livre "Comment investir en Bourse à long terme en partant de zéro (Obtenez la retraite que vous méritez grâce aux dividendes)".

Il donne généralement de bons résultats pour la détection des creux et sommets importants. Il est calculé comme suit.

Ligne Avance/Déclin d'aujourd'hui = Sociétés en hausse aujourd'hui - sociétés en baisse aujourd'hui + ligne Avance/Déclin d'hier

Il est normal de calculer les entreprises qui ont augmenté et baissé chaque jour, bien que cela puisse également être fait sur une base horaire, minute par minute, etc. Dans le cas des investisseurs à moyen et long terme, il doit être calculé en utilisant les hauts et les bas quotidiens.

Par exemple, supposons un indice boursier de 105 sociétés dans lequel 80 sociétés ont progressé et 25 ont chuté. La valeur de la ligne Avance/Déclin d'aujourd'hui est de 55 (80 - 25).

Demain, 90 entreprises montent et 15 entreprises descendent, la valeur de la ligne Avance/Déclin de ce deuxième jour est donc de 130 (90 - 15 + 55).

Avec les valeurs de la ligne Avance/Déclin de chaque jour, on trace une ligne (par souci de redondance) qui doit être affichée à côté du graphique des prix de l'indice boursier avec lequel elle a été calculée. Il est normal que les deux évoluent plus ou moins dans le même sens. Ce qui est important, c'est quand elles ne le font pas, car **ces divergences donnent généralement de bonnes indications sur les creux et sommets du marché**.

Une divergence baissière se produit lorsque les prix de l'indice augmentent mais que la ligne Avance/Déclin baisse.

Et une **divergence haussière** se produit lorsque les prix de l'indice baissent mais que la ligne Avance/Déclin augmente.

La plupart du temps, la ligne Avance/Déclin ne nous donne aucune information utile. Il peut se passer des mois, voire des années, où la ligne Avance/Déclin est plus ou moins parallèle à celle des prix de l'indice, ce qui ne nous donne aucun indice sur la probabilité que le marché boursier monte ou descende à l'avenir.

Mais lorsque de telles divergences haussières ou baissières se produisent, généralement tous les plusieurs mois, elles nécessitent une attention particulière. Il n'est pas infaillible, car rien ne l'est, et même lorsque ces divergences fonctionnent, les retournements de marché ne sont généralement pas immédiats. Les divergences entre les indices et leurs lignes d'avance et de recul peuvent durer des mois, jusqu'à ce que le marché se retourne. Quand la divergence fonctionne et que le marché se retourne, bien sûr.

Afin de vendre des actions et d'acheter des Puts (ou de redoubler de prudence et d'arrêter d'acheter), il **est important de suivre l'évolution de cette ligne A/D dans les moments d'euphorie où les indices sont dans les hauts**. Il n'est pas utile de le surveiller quotidiennement (pour un investisseur à long terme), mais seulement lorsque les marchés atteignent des sommets ou des creux.

La ligne A/D la plus suivie est celle du SP 500, car c'est l'indice qui compte le plus grand nombre de sociétés (parmi les plus importantes au monde) et qui tend à donner les signaux les plus fiables. Une étude de ce type avec 30, 40 ou 50 entreprises (Ibex 35, DAX 40, Eurostoxx 50, etc.) n'est pas aussi fiable et significative qu'une étude avec 500 entreprises (SP 500). En raison du plus grand nombre d'entreprises, du plus grand nombre de secteurs représentés et de la plus grande variété de types d'entreprises (grandes entreprises,

entreprises moyennes, etc.). Les tournants majeurs du marché, c'est-à-dire lorsque les divergences haussières ou baissières de cette ligne Avance/Déclin fonctionnent le mieux, ont tendance à se produire au même moment dans la plupart des marchés développés.

Il existe de nombreux sites qui affichent la ligne d'avance/déclin du SP 500, mais beaucoup d'entre eux sont payants. L'un d'entre eux, **https://www.marketinout.com/chart/market.php?breadth=advance-decline-line**, propose ces informations gratuitement au moment de la rédaction du présent document.

3.8 Comment tester de nouveaux indicateurs

Dans ce chapitre, j'ai présenté les indicateurs techniques qui, selon moi, sont les plus importants pour les investisseurs à long terme. Mais comme je l'ai dit, le nombre d'indicateurs techniques existants est très important, et de nouveaux indicateurs techniques seront certainement conçus à l'avenir.

Si vous avez connaissance d'un indicateur technique qui vous semble intéressant, essayez-le. C'est le meilleur moyen de voir si cet indicateur vous est utile ou non en particulier.

Je pense que la meilleure façon de le tester est de placer ce nouvel indicateur sur vos graphiques, à côté des indicateurs que vous utilisez déjà. Et suivez-le pendant quelques mois, pour voir s'il vous donne des résultats meilleurs ou moins bons que les indicateurs que vous connaissez déjà. Je pense que quelques jours ou semaines ne sont pas suffisants pour prendre une décision, que ce soit pour le meilleur ou pour le pire.

Si le test est satisfaisant, intégrez sans aucun doute cet indicateur technique dans votre analyse. Sinon, ne l'utilisez-pas, bien évidemment.

Chapitre 4 : Principaux modèles de chandeliers japonais

4.1 Questions générales pour tous les modèles de chandeliers japonais

Parmi les deux principaux groupes de chandeliers, les figures de renversement et les figures de continuation, les plus importantes sont les figures de renversement, comme nous l'avons vu dans le premier chapitre. Ces modèles de retournement sont les plus utiles, et ceux auxquels il faut prêter le plus d'attention.

Les termes "figure" et "motif" sont utilisés indifféremment et signifient la même chose. C'est la même chose de dire "une figure d'avalement baissière" que "un motif d'avalement baissier", par exemple.

Les modèles de chandeliers que nous allons voir dans ce livre sont l'idéal théorique. L'**idéal théorique doit être connu, mais dans la réalité, l'idéal théorique n'est pas toujours respecté**, comme nous le verrons dans quelques exemples. Il est **beaucoup plus important de savoir où chaque figure apparaît que de savoir si elle correspond exactement ou non à l'idéal théorique décrit ici**. En effet, si nous ne connaissons pas le modèle théorique idéal d'un "Nuage noir", par exemple, nous ne saurons pas si la figure que nous analysons en ce moment est, ou ressemble, à un "Nuage noir" ou non. Nous ne devons pas être stricts dans l'identification des modèles, mais **faire preuve de souplesse dans l'interprétation de ces modèles, et accorder beaucoup plus d'importance à l'endroit où ils apparaissent**.

Pour décider si "quelque chose" qui ressemble à un "Marteau" doit être interprété comme s'il s'agissait d'un "Marteau", ce qui compte, c'est l'expérience et l'endroit où cet éventuel "Marteau" est apparu, et il n'est pas si important de savoir si cette figure correspond ou non au modèle théorique idéal d'un "Marteau".

De plus, comme nous le verrons lors de la description de chaque figure ou motif, les définitions de ces figures ne sont pas une formule mathématique (comme c'est le cas pour les indicateurs techniques), mais des expressions dans lesquelles sont utilisés des termes tels que "petit corps", "grand corps", "ombre longue", "ombre courte", etc. Il n'existe pas de limites exactes pour différencier un "petit" corps d'un "grand" corps, ni une ombre "longue" d'une ombre "courte". Il est donc nécessaire de connaître les schémas théoriques, mais pas d'être obsédé par leur réalisation exacte dans la pratique.

La fiabilité des chandeliers japonais est similaire à celle de l'analyse technique. Ils ont une fiabilité raisonnable, qui **augmente avec l'expérience de l'analyste**, mais ils ne sont pas non plus infaillibles, c'est logique et évident (s'ils étaient infaillibles, personne ne travaillerait, car tout le monde deviendrait riche en Bourse en peu de temps. Ce qui serait impossible, pour un certain nombre d'autres raisons).

4.2 Le Marteau et le Pendu

Les deux figures sont composées d'un seul chandelier, de même forme. La figure est appelée d'une façon ou d'une autre selon l'endroit où elle apparaît. Si elle apparaît après une montée, elle est appelée **Pendu**, et si elle apparaît après une descente, elle est appelée **Marteau**.

Dans ce graphique de Coca Cola, nous voyons la figure isolée :

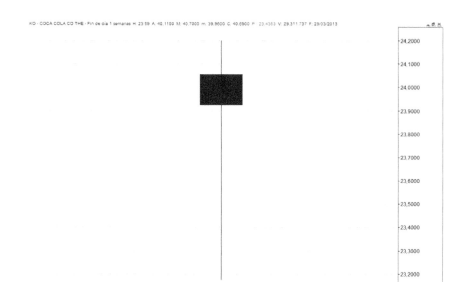

C'est un chandelier de petit corps avec une longue ombre inférieure.

C'est le premier exemple de ce que j'ai mentionné dans la section précédente. Le corps est "petit", mais "petit" n'est pas défini par une formule mathématique. Il n'y a pas de pourcentage de la taille totale du chandelier qui marque la limite entre une taille et une autre. Par exemple, si le corps du chandelier représente jusqu'à 20 % de sa taille totale, il sera considéré comme "petit", jusqu'à 60 % comme "moyen" et au-delà de 60 % comme "grand". Mais ça n'existe pas ; chaque analyste doit déterminer si le corps de chaque bougie est "petit", "moyen" ou "grand", en se **basant sur son bon sens et son expérience**.

Dans le Marteau, le corps de la bougie peut être blanc ou noir, cela n'a pas d'importance. Le fait qu'il soit d'une couleur ou d'une autre ne fait aucune différence, car comme il s'agit d'un "petit" corps, la **différence entre l'ouverture et la fermeture est faible, et il importe**

peu qu'il se ferme un peu au-dessus ou un peu au-dessous de son ouverture.

L'important est que l'ombre inférieure soit "longue". Les mêmes considérations s'appliquent à "long", "court", etc. qu'à "grand" et "petit".

L'ombre supérieure doit être petite ou inexistante. Elle ne peut pas être longue, car si l'ombre supérieure était également longue, nous parlerions d'une autre figure.

Nous allons examiner un exemple de Marteau sur un graphique de Gas Natural Fenosa, que nous avons déjà vu il y a quelques pages en parlant des Gaps, pour commenter la logique de cette figure et voir pourquoi elle est susceptible d'être la fin d'une tendance baissière :

Le Marteau qui en est un est celui qui se trouve en bas du graphique. Les deux ombres en haut à gauche marquent les Marteaux possibles.

La différence entre les deux est que les deux Marteaux en haut à gauche se produisent au milieu d'une tendance latérale, tandis que le

Marteau inférieur apparaît à la fin d'une tendance baissière.

Comme je l'ai déjà dit, la chose la plus importante concernant les chandeliers est l'endroit où ils apparaissent, et non le fait qu'ils répondent à l'idéal théorique.

L'été 2011, période représentée sur ce graphique, a été très compliqué pour le marché boursier espagnol, en raison de la crise grecque, de la possible rupture de l'euro, etc.

Comme on peut le voir dans ce graphique de Gas Natural, les mois de juin et juillet ont été relativement calmes, mais en août une baisse significative a commencé. La possible rupture de l'euro a fait le tour des médias, et toutes les nouvelles liées à la Bourse, à la prime de risque, etc. ont été mises en avant, même dans les médias boursiers non spécialisés.

Jean a des actions dans Gas Natural, et voudrait en acheter d'autres. Entre mai et juillet, il n'a pas fait très attention à la Bourse, car il pensait déjà à partir en vacances avec sa famille.

Mais lorsque la Bourse a commencé à chuter en août, il a lu chaque jour plusieurs sites d'information économique, et a constamment vérifié la prime de risque de l'Espagne par rapport à l'Allemagne et au cours de l'action de Gas Natural. En outre, à cette époque, Gas Natural Fenosa était en conflit avec Sonatrach, ce que nous avons déjà vu dans la discussion sur les Gaps.

À mesure que le cours de l'action de Gas Natural chute, l'inquiétude de Jean augmente, car il ne sait pas comment cela va se terminer. Il n'y a pas de bonnes nouvelles, il n'y en a que des mauvaises, **ou du moins c'est ce dont il a l'impression**. Peu importe à quel point le gaz naturel lui semble bon marché, le lendemain, ou quelques jours plus tard, il voit qu'il baisse encore plus. On ne voit pas la fin de cet automne, il **semble que** tout le monde veuille vendre, et que personne ne veuille acheter. Chaque fois que vous regardez le cours de l'action de Gas Natural, il est un peu plus bas que la fois précédente. Et si elle augmente, elle retombe rapidement. **Ça commence à être désespérant.**

Jean aimerait acheter plus d'actions de Gas Natural, car il pense que c'est une bonne société et qu'elle est très bon marché. Mais **il a peur** d'acheter aujourd'hui, et de le voir moins cher demain, et encore moins cher après-demain, etc. Pour le moment, il attend donc de voir si cette chute prendra fin un jour.

Le 13 septembre 2011 (Marteau inférieur), Gas Natural ouvre au-dessus de la fermeture de la veille, mais repart immédiatement à la baisse à toute vitesse, et est déjà en dessous de 10 euros. Il y a un peu plus d'un mois, il était tranquillement à 12-13 euros, et semblait continuer à augmenter.

Le 13 septembre, Jean n'a cessé de regarder le cours de l'action de Gas Natural et la prime de risque de l'Espagne par rapport à l'Allemagne, parce qu'il était déjà très inquiet et qu'il n'y avait pas de fin en vue. **Jean ne pense plus à acheter d'autres actions de Gas Natural, mais plutôt à vendre celles qu'il a, avant qu'elles ne continuent à baisser.** Soudain, sans que l'on sache pourquoi, le cours de l'action se met à monter, et continue de le faire pendant le reste de la séance, pour fermer au plus haut de la journée, 10,27 euros. **Jean est soulagé pour la première fois depuis longtemps.** Le cours de l'action est encore très bas, mais entre le pire moment de la journée et la fermeture de la séance, il a augmenté de plus de 5%. Il y a quelques heures à peine, Jean craignait que le cours de l'action ne tombe à 9 euros, voire en dessous. Au moins, la fin de la session a été plus agréable que ce qu'il a connu le mois dernier, il a donc un **bon sentiment, et il dormira mieux cette nuit-là que les jours précédents.**

Le 14 septembre 2011, le cours de l'action de Gas Natural ouvre en baisse de 2 %. C'est reparti, pense Jean. Il ne cesse de rafraîchir l'écran au travail pour voir ce que fait le cours de l'action de Gas Natural.

Mais il ne semble pas tomber, et commence même à monter un peu. La hausse se poursuit. Chaque fois qu'il rafraîchit l'écran, le prix est supérieur de quelques centimes à celui de la fois précédente, tout le contraire de ce qui s'est passé le mois dernier. En milieu de matinée, il a déjà dépassé le sommet de la journée précédente et continue à augmenter. Il fermeture la séance à 10,55 euros, presque au plus haut du jour, et très loin (plus de 8%) du plus bas de la veille, moment dont Jean **se souvient encore** pour le mauvais moment qu'il a passé.

Il y a moins de 48 heures, le cours de l'action était de 9,75 euros, et Jean pensait qu'il serait désormais inférieur à 9 euros. Mais il ne l'est pas, maintenant, il est nettement supérieur à 10 euros, voire plus proche de 11 que de 10. **Jean ne pense plus à vendre ses actions, car il est beaucoup plus calme qu'il ne l'a été au cours du dernier mois.** Il a constaté que ses actions ont une valeur réelle et que, quelle que soit la gravité de la situation, à certains prix, les gens sont prêts à les acheter, et le cours de l'action cesse de baisser. Ce que Jean pense maintenant, c'est "**Pourquoi n'ai-je pas acheté plus d'actions Gas Natural lorsque le cours est passé sous la barre des 10 euros, s'il était clairement très bon marché ?** Demain, il achètera plus d'actions de Gas Natural. Il n'achètera pas au plus bas, mais c'est très bon marché, et **s'il continue à attendre, il devra probablement les acheter à des prix plus élevés**. Il a déjà vu qu'en dessous de 10 euros l'argent partait très vite et il veut profiter de cette opportunité qui **ne se répétera peut-être pas**.

Ceux qui ont vendu le 13 en dessous de 10 euros, ou à 10 euros et quelques centimes, **commencent** maintenant **à le regretter**. L'entreprise était bonne, **et ils le savaient**, mais ils **ont eu peur** parce qu'ils pensaient qu'elle allait tomber beaucoup plus bas. Mais elle n'a pas baissé, elle a augmenté, et est supérieure au prix auquel ils ont vendu. Ils n'ont plus les actions de Gas Natural en leur possession, **mais ils ont l'argent**. Certains rachèteront les actions, avant qu'elles ne montent plus haut. Ils pourront acheter un peu moins d'actions qu'ils n'en avaient, car ils en achèteront plus qu'ils n'en ont vendu. Mais **c'est mieux que d'attendre et de les voir bientôt à 12 ou 13 euros comme il y a un mois**.

Toutes ces pensées que Jean a eues les 13 et 14, et les personnes qui ont vendu ces jours-là par peur, **sont la différence entre les Marteaux comme ceux en haut à gauche de notre graphique et les Marteaux comme celui en bas de notre graphique**.

Dans les Marteaux situés en haut à gauche de notre graphique, le mouvement du prix au cours de la journée était presque identique à celui du Marteau inférieur.

Ce qui se passe, c'est que Jean a suivi le mouvement du Marteau inférieur presque minute par minute, pendant sa journée de travail. Et pourtant, **dans les Marteaux de la partie supérieure gauche de notre graphique, il n'a même pas remarqué comment était le cours de l'action de Gas Natural** à l'ouverture de la Bourse, quelques minutes après l'ouverture, au milieu de la matinée, avant le déjeuner, après le déjeuner, etc. Dans le Marteau situé en haut à gauche de notre graphique, Jean était au travail toute la journée, et n'a pas prêté attention à la hausse ou à la baisse de la Bourse pendant sa journée de travail.

C'est pourquoi l'emplacement des figures de chandeliers est si important, car **l'influence des mouvements de prix tout au long** de la journée (ce que représentent les chandeliers) sur les investisseurs **est totalement différente selon les moments.**

Parfois, comme lorsqu'il semble que l'euro va éclater et que la Grèce va "disparaître", les mouvements de prix tout au long de la séance ont une forte influence sur tous les types d'investisseurs, ceux qui suivent la Bourse au quotidien et ceux qui ne la suivent pas. Même les personnes qui ne suivent pas la Bourse et n'ont pas l'intention d'acheter des actions parlent constamment de ce qui se passe en Bourse. En effet, même les personnes qui ne suivent pas la Bourse et ne possèdent pas d'actions ou n'ont pas l'intention d'en acheter parlent constamment de ce qui se passe en Bourse, ce qui a un **impact émotionnel très fort** sur les collègues de travail, les parents, les amis, etc. des personnes qui suivent la Bourse et possèdent des actions, et qui voient que "tout le monde sait que la Bourse va s'effondrer". D'autres fois, ces mêmes mouvements passent complètement inaperçus pour certains investisseurs, tandis que d'autres les voient, **mais ils n'ont pratiquement aucun impact émotionnel sur eux**, et ne les poussent pas à prendre des décisions importantes.

Il existe de nombreux types d'investisseurs et de négociants sur le marché boursier. Jean n'est pas représentatif de toutes ces personnes, mais ce **qui est commun à toutes, c'est que le Marteau du bas a eu un impact émotionnel beaucoup plus fort sur elles que les Marteaux en haut à gauche de notre tableau**, et les a incitées à prendre des décisions beaucoup plus nombreuses et plus importantes.

Par exemple, bon nombre des personnes qui ont vendu au Marteau inférieur l'ont fait par peur. Non pas parce qu'ils avaient fait une analyse calme de Gas Natural et étaient arrivés à la conclusion qu'ils devaient vendre parce que c'était cher, mais par peur de voir le prix baisser quelques minutes plus tard.

Dans les Marteaux, en haut à gauche de notre tableau, il y a aussi beaucoup de gens qui ont vendu, **mais ce n'était pas par peur**. Certains ont vendu parce qu'ils pensaient avoir déjà fait un bon bénéfice. D'autres parce qu'ils voulaient avoir de l'argent pour les vacances. D'autres parce qu'ils avaient trouvé une autre entreprise qui semblait moins chère, et qu'ils voulaient y investir l'argent qu'ils avaient actuellement dans Gas Natural, etc. Les raisons pourraient être infinies, mais parmi elles **ne** figurait **pas la crainte de voir le cours de l'action beaucoup plus bas quelques minutes plus tard**.

Par conséquent, les **personnes qui ont vendu au moment des Marteaux en haut à gauche de notre graphique n'ont pas acheté à nouveau peu de temps après en pensant qu'elles avaient eu tort de vendre peu de temps auparavant**.

Ana voulait l'argent pour partir en vacances, et une fois qu'elle a vendu à l'un des Marteaux en haut à gauche de notre graphique, elle ne s'est pas souciée que Gas Natural monte ou descende un peu plus, car son objectif était de partir en vacances. Et cela ne dépendait plus du prix du gaz naturel, car elle avait déjà l'argent pour ses vacances sur son compte courant.

Louis a également vendu à l'un des Marteaux en haut à gauche de notre graphique, car il pensait que Deutsche Telekom était moins cher et pensait qu'il augmenterait plus que Gas Natural dans les mois à venir. Ce que font les prix des actions de Gas Natural et de Deutsche Telekom quelques jours après avoir vendu des actions Gas Natural ne le fera pas racheter des actions Gas Natural, car Louis ne pense pas à ce que feront les prix des actions de l'une ou l'autre société demain ou après-demain, mais à ce que feront les deux sociétés dans les prochains mois. Et pour savoir s'il a raison ou tort, il suffit d'attendre que ces mois passent et de voir comment évoluent les cours des actions des deux entreprises.

Jacques a vendu au Marteau inférieur, et il a vendu par peur. Il ne pensait pas que Gas Natural était cher, et il n'avait pas besoin de cet argent pour quoi que ce soit, mais il avait peur que le prix continue à baisser, et en un instant il a pris la décision de vendre, et il l'a fait. Une seconde après avoir donné l'ordre de vente, il avait l'argent sur son compte courant. Le fait est qu'il ne savait pas quoi faire avec l'argent, car il n'en avait besoin pour rien. Il n'avait pas non plus réfléchi à la manière de l'investir, car il n'avait aucun plan pour le moment où il n'aurait plus les actions de Gas Natural. Ce qu'il voulait, c'était "appuyer sur le bouton et sortir de là". Mais maintenant qu'il n'a plus les actions, et que l'argent est sur le compte courant en attendant qu'il prenne une décision, que faire avec ?

Les mouvements du prix de l'action de Gas Natural juste après la vente ont peu d'influence sur Ana ou Louis.

Si le prix baisse un peu, Ana pensera qu'elle a eu de la chance, car elle a obtenu un peu plus d'argent pour la vente que si elle avait attendu un peu plus longtemps pour vendre. Et si elle augmente un peu, elle pensera le contraire, que si elle avait attendu un peu plus longtemps, elle aurait eu un peu plus d'argent, pour aller dîner un jour dans un restaurant qu'elle aime beaucoup. Louis va penser quelque chose de similaire.

Mais **ni Ana ni Louis ne vont revenir sur leur décision, quoi qu'il arrive au cours de l'action de Gas Natural**, car leurs objectifs sont désormais différents. Pour Ana, pour partir en vacances, et pour Louis, pour voir ce que fait Deutsche Telekom dans les mois à venir.

Le cas de Jaime est totalement différent, car il peut rectifier sa décision et racheter des actions Gas Natural à tout moment. Parce que Jacques est très influencé par chaque centime que le prix de l'action de Gas Natural bouge. Il y a 48 heures à peine, il avait des actions de Gas Natural, et il avait très peur qu'elles tombent sous les 9 euros en quelques heures. Aujourd'hui, il n'a plus d'actions Gas Natural, et qui plus est, ces quelques heures sont passées, et Gas Natural n'est pas en dessous de 9 euros. Non seulement il n'est pas inférieur à 9 euros, mais il est un peu supérieur au prix auquel Jacques a vendu.

Ana et Louis se souviennent à peine de regarder le prix des actions de Gas Natural après les avoir vendues. S'ils l'ont vu, c'est par hasard, mais leur esprit est ailleurs, et ils ne regardent pas le cours de l'action Gas Natural toutes les 10 minutes.

Jacques, lui, ne fait rien d'autre que de regarder le cours des actions de Gas Natural, en se demandant s'il va les racheter ou non. Il s'est demandé s'il avait eu raison de vendre ou non.

C'est la différence entre les Marteaux en haut à gauche de notre graphique et le Marteau en bas.

Lorsqu'un Marteau apparaît (le "vrai" Marteau, le Marteau inférieur dans notre exemple), la zone de support qui marque ce Marteau est le bas du Marteau, l'extrémité inférieure de l'ombre inférieure. Si, lors des sessions suivantes, les prix tombent dans cette zone, ou même un peu en dessous, le Marteau peut continuer à fonctionner comme tel. Ce n'est que si l'extrémité inférieure du Marteau est clairement franchie que nous pouvons considérer que le Marteau a échoué. Pour les futures baisses de prix dans cette zone, des mois ou même des années plus tard, ce minimum du Marteau (s'il a fonctionné comme tel) est un support important, et donc une bonne zone d'achat (en fonction de l'évaluation des fondamentaux de la société, bien sûr).

Plus le volume au niveau du Marteau est élevé, plus le modèle est fiable, car davantage d'investisseurs pensent que les prix atteints dans l'ombre inférieure du Marteau sont trop bas. Plus il y a de "Jacques", plus il y a de liquidités prêtes à acheter après la formation du Marteau, et plus il est probable que la tendance baissière prenne fin et qu'une nouvelle tendance haussière commence. Il en va de même pour le Pendu, que nous verrons dans quelques lignes.

Il n'est pas indispensable, bien que ce soit souvent le cas, que les prix augmentent nettement immédiatement après la formation du Marteau. Les prix peuvent évoluer latéralement dans cette zone, et tant que les points bas du Marteau ne sont pas clairement cassés, le Marteau reste en vigueur.

Plus l'ombre inférieure du Marteau est longue, plus le Marteau est fiable et important. Et plus la fermeture de la barre est éloignée du creux de la barre, plus le Marteau est fiable.

Vous avez peut-être entendu le terme "capitulation", ou "séance de capitulation", ou quelque chose de similaire. C'est le jour où un automne important prend fin. **Le jour où les derniers investisseurs paniqués vendent, la chute se termine et la nouvelle tendance à la hausse commence.** Le Marteau inférieur que nous avons vu était une séance de capitulation. Toutes les séances de capitulation ne prennent pas la forme d'un Marteau, elles peuvent aussi être le chandelier noir d'une Pénétrante haussière ou le chandelier noir d'un avalement haussier, figures que nous verrons plus tard, entre autres.

Le Pendu est la même bougie que le Marteau, mais lorsqu'elle apparaît après une hausse, comme nous le voyons dans ce graphique de Fluidra :

Dans ce cas, deux hommes Pendus apparaissent à la suite. Le premier a un corps blanc et le second un corps noir, mais cela ne fait aucune différence. Cela n'aurait fait aucune différence que le premier soit noir et le second blanc, ou qu'ils soient tous deux noirs ou tous deux blancs. Normalement, un seul Pendu apparaît, et cela suffit.

La logique du Pendu me semble un peu plus faible que celle du Marteau, et en fait les Marteaux me semblent être des figures plus fiables et banales que les Pendus.

Après une hausse, il arrive un jour où les prix connaissent une baisse importante par rapport à l'ouverture, mais en fin de séance, ils se redressent à nouveau et se rapprochent du point d'ouverture. Il s'agit d'un premier test de force de la hausse. C'est-à-dire qu'après une hausse importante, les prix baissent sensiblement, pendant une seule journée, ce qui peut être le signe que les acheteurs ne sont plus disposés à payer des prix plus élevés que les prix actuels.

Ce qui se passe, c'est que le jour même, la chute est récupérée, et c'est pourquoi les Pendus ont besoin de confirmation. Cette confirmation est que dans la ou les sessions suivantes, les prix tombent en dessous de l'ombre inférieure du Pendu.

La confirmation du Pendu est indispensable car, en principe, une longue ombre inférieure est un signal haussier et non baissier.

Si les prix ne tombent pas en dessous de l'ombre inférieure du Pendu, il ne s'agit pas d'un Pendu et il ne faut pas l'interpréter comme tel. En fait, ce dernier cas est plus fréquent que l'apparition de "vrais" Pendus, signifiant la fin d'une tendance à la hausse.

En d'autres termes, la plupart du temps, après une hausse, nous voyons un possible Pendu, mais au cours des séances suivantes, ce Pendu ne sera pas confirmé et les prix ne baisseront pas. C'est pourquoi il ne faut pas essayer d'anticiper la confirmation d'un Pendu, car dans la majorité des cas, nous nous tromperons.

Lorsque les prix, au cours des séances suivantes, tombent en dessous de l'ombre inférieure du Pendu, cela confirme que les acheteurs ne sont pas disposés à continuer à payer des prix de plus en plus élevés, et augmente la probabilité que la tendance haussière que nous connaissions soit terminée.

La confirmation théorique idéale d'un Pendu est un grand chandelier à corps noir qui fermeture sous les creux (y compris l'ombre inférieure) du Pendu. L'idéal théorique n'est pas toujours respecté, car le Pendu peut être confirmé par d'autres types de chandeliers. Mais ce qui est important, c'est que, avec un chandelier ou un autre, après le Pendu, les prix fermeturent dans les sessions suivantes en dessous des minimums du Pendu.

Plus l'ombre inférieure du Pendu est longue, plus le Pendu est fiable et important.

Comme je l'ai dit il y a quelques lignes, les Marteaux me semblent être des personnages beaucoup plus importants et fiables que les Pendus.

4.3 Étoile filante et Marteau inversé

Ces figures sont l'inverse de celles que nous venons de voir.

L'Étoile filante est l'inverse du Marteau.

Et le Marteau inversé est l'inverse du Pendu.

L'Étoile filante est une figure de retournement baissière, qui apparaît à la fin d'une tendance à la hausse. L'Étoile filante est un chandelier avec un corps très petit, une ombre inférieure très petite ou inexistante et une ombre supérieure très longue.

Ce que nous dit la longue ombre supérieure, c'est que ces prix ont déjà été atteints, **mais qu'ils n'ont pas pu être maintenus** car la pression de vente a immédiatement augmenté, et le prix a chuté. Cela signifie que ces prix (ceux occupés par l'ombre supérieure) **semblent**

chers tant aux vendeurs qu'aux acheteurs, de sorte que les acheteurs sont réticents à payer des prix plus élevés que ceux-ci, et que les vendeurs acceptent des prix un peu plus bas pour sécuriser la vente et fermer leur position.

La couleur du corps de l'Étoile filante n'a aucune importance, ce qui compte c'est que l'ombre supérieure soit longue. Et plus c'est long, mieux c'est.

Cette carte de Sacyr Vallhermoso est un exemple d'Étoile filante :

L'Étoile filante est marquée par l'ombre en haut à droite. Mais, fait intéressant, cette montée commence par un Marteau, marqué par l'ombre en bas à gauche.

Il est très important de comprendre que la **psychologie humaine fonctionne à l'inverse de la manière normale** et familière de **gérer les hausses et les baisses de prix.**

La façon "normale" de réagir aux mouvements de prix est ce qui se passe pendant les soldes, par exemple. Lorsqu'une personne s'intéresse à un vêtement, à un appareil ménager, à un article de sport, etc., et que le prix de l'objet en question baisse, l'intérêt de cette personne augmente, de même que la probabilité qu'elle achète l'objet.

Lorsque le prix des objets baisse, les gens ne ressentent pas de peur, mais voient leur intérêt augmenter. Et plus le prix baisse, plus l'intérêt augmente. Comme nous l'avons vu dans la section précédente avec l'exemple de Gas Natural, dans le cas des investissements, c'est l'inverse. Les baisses de prix, même pour les actifs de qualité, augmentent la peur des acheteurs potentiels, ce **qui réduit l'intérêt de ces acheteurs potentiels à investir dans ces actifs dont le prix baisse**.

En théorie, ce devrait être l'inverse. Si vous interrogez quelqu'un à un moment normal du marché à ce sujet, tout le monde dit "**acheter quand les prix baissent, vendre quand les prix montent**". Mais en fin de compte, **la plupart des gens agissent exactement à l'inverse** ; ils vendent lorsque les prix baissent (**par peur**) et achètent lorsque les prix montent (**par cupidité**).

Lorsque nous voyons une chemise que nous aimons en solde, nous pensons à ce que nous économiserions si nous l'achetions maintenant plutôt qu'il y a quelques jours, mais nous ne pensons pas à ce qui se passerait si nous l'achetions maintenant et que le prix de la chemise baissait encore plus. Et, en tout état de cause, les personnes qui envisagent la possibilité que le prix de la chemise continue à baisser pensent à acheter d'autres chemises au cas où cela se produirait.

Si le prix d'une chemise que nous aimons augmente, l'intérêt que nous lui portons diminue, et la probabilité que nous l'achetions diminue également.

Pour de nombreuses personnes, l'inverse est vrai pour les investissements.

Lorsque le cours de l'action d'une société qu'ils apprécient baisse, de nombreuses personnes paniquent et **perdent l'envie d'acheter cette société à mesure que le cours de l'action baisse**. Ces personnes ne pensent pas à ce qu'elles économisent en achetant à ces prix au lieu d'acheter il y a quelques jours ou semaines, mais à ce qu'elles pourraient perdre si les cours des actions continuent à baisser et ne remontent jamais (Note : logiquement, je fais référence aux entreprises de qualité, le cours d'une entreprise de faible qualité peut chuter pendant des décennies sans retrouver les prix passés).

Et lorsque le prix d'un bien, quel qu'il soit, augmente, **cela attire de nombreux acheteurs, qui n'auraient pas été intéressés par ce bien s'il n'avait pas augmenté.**

Cette façon d'agir face aux hausses et aux baisses de prix est très courante, mais elle **est irrationnelle et contre-productive**.

Le plus logique et souhaitable à faire avec les investissements est d'agir de la même manière que nous le faisons avec les chaussures, les télévisions ou les chemises.

Revenons au tableau de Sacyr Vallehermoso. Comme nous pouvons le voir, une tendance à la hausse a commencé à la fin du mois d'août 2010, autour de 3,20 euros.

L'augmentation au cours du mois de septembre est assez rapide et abrupte. Cela signifie que de nombreuses personnes qui n'envisageaient pas d'acheter des actions de Sacyr Vallehermoso, et qui **ne l'auraient pas fait si le cours de l'action était resté autour de 3 euros** pendant le mois de septembre, **ont commencé à acheter** à 3 euros et plusieurs centimes, au-dessus de 4 euros, etc.

Et tous ont réalisé des bénéfices immédiatement, ou presque. Ceux qui ont acheté à 3,50 euros ont rapidement vu le cours de l'action à 3,70 euros. Ceux qui ont acheté à 3,70 euros ont rapidement vu le prix de l'action à 4,00 euros, ceux qui ont acheté à 4,00 euros l'ont rapidement vu à 4,25 euros, et ainsi de suite. C'est cette hausse du cours de l'action qui a attiré de plus en plus d'acheteurs. Avec une nuance importante, à savoir qu'**au fur et à mesure que le prix de l'action augmentait, le nombre d'acheteurs attirés par la hausse du prix de l'action augmentait, mais dans le même temps, les analyses que ces mêmes acheteurs faisaient pour voir si ce qu'ils achetaient leur semblait cher ou bon marché**, en fonction des performances de l'activité de Sacyr Vallehermoso, **diminuaient.**

Début octobre, les hausses se sont accélérées, et la joie des personnes qui avaient acheté des actions de Sacyr Vallehermoso a augmenté, ainsi que leurs illusions de les voir bientôt à 5, 6, 8 euros ou plus, en calculant combien d'argent elles gagneraient si elles vendaient ici ou là.

Le 6 octobre, l'Étoile filante s'est formée. Ce jour-là, à la mi-session, tout se passait comme ces dernières semaines, avec de fortes hausses de prix qui semblaient ne jamais devoir s'arrêter. Mais en fin de séance, les prix sont bien en dessous du sommet atteint en cours de séance. Cela signifie que de nombreux investisseurs commencent à douter que Sacyr Vallehermoso atteigne réellement les 5, 6 ou 8 euros qu'ils pensaient atteindre hier. Car il a déjà approché les 5 euros, plus précisément 4,85 euros (le plus haut du 6 octobre), **et ce faisant, des vendeurs sont apparus, prêts à baisser un peu le prix pour assurer la vente**.

Jusqu'à hier, le 5 octobre, tout le monde avait l'illusion que lorsque le cours de l'action atteindrait 4,85 euros, il continuerait à augmenter fortement, et que peu après, il dépasserait 5 euros, et continuerait à augmenter encore, etc.

Mais aujourd'hui, le 6 octobre, **tout le monde a pu constater que cela n'a pas été le cas**, et qu'en atteignant la zone proche de 5 euros, le prix non seulement n'a pas continué à augmenter, mais a subi une baisse d'une certaine importance.

Cela augmente considérablement les doutes des haussiers, et fait que certains d'entre eux, qui pensaient jusqu'à récemment vendre au-dessus de 5 euros, **commencent à vendre à 4 euros et beaucoup de centimes** depuis le début de la séance du 7 octobre.

Cela a pour effet non seulement de ralentir la hausse des prix, en raison de la baisse des attentes des vendeurs (qui vendent maintenant à 4,60 euros, par exemple, ce qu'ils pensaient vendre à plus de 5 euros il y a peu de temps encore), mais **aussi de réduire l'intérêt pour l'achat de nombreuses personnes qui, jusqu'à présent, ne s'étaient pas décidées à acheter des actions de Sacyr Vallehermoso, mais qui étaient de plus en plus tentées de le faire, car les prix ne cessaient d'augmenter.**

Par conséquent, **en "arrêtant de monter", la pression vers le haut est réduite des deux côtés**. Tant en raison de la baisse des exigences des vendeurs (qui préfèrent désormais vendre maintenant, et s'assurer un bénéfice de 5 %, 10 %, 30 %, etc.) qu'en raison de la diminution du nombre d'acheteurs désireux de s'engager dans cette "hausse sans fin".

Dans ces conditions, la tendance haussière amorcée fin août devrait se terminer début octobre, laissant place à une nouvelle tendance baissière, ou latérale.

Le Marteau inversé est l'inverse du Pendu. Comme pour le Pendu, le Marteau inversé est une figure beaucoup moins fiable, et aussi moins courante. Cela existe, et il est bon de le savoir, mais la logique derrière le Marteau inversé est beaucoup plus faible que la logique derrière le Marteau normal, par exemple.

Le Marteau inversé est une figure d'inversion haussière. Dans ce graphique BP, nous voyons un Marteau inversé (zone ombragée) qui marque la fin d'une tendance à la baisse :

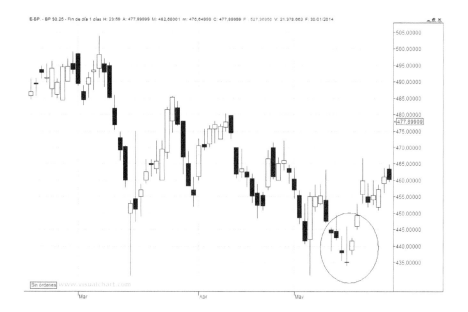

Cette fiabilité moindre du Marteau inversé signifie qu'il doit être confirmé par les bougies suivantes, comme c'était le cas pour le Pendu. L'Étoile filante n'a pas besoin de cette confirmation, tout comme le Marteau n'en avait pas besoin non plus, car les deux figures sont plus fiables.

La logique du Marteau inversé est que, dans un premier temps, le marché rejette ces prix plus élevés, comme le montre la longue ombre supérieure du Marteau inversé. Mais lors des séances suivantes, les prix augmentent et fermeturent à la partie supérieure de l'ombre supérieure du Marteau inversé ou au-dessus. Ces fermetures sont un signe que le marché a changé d'avis, et les prix dans l'ombre supérieure du Marteau inversé ne semblent plus chers pour la plupart des investisseurs. C'est moins intuitif et logique que l'Étoile filante.

La couleur du corps de l'Étoile filante et du Marteau inversé n'est pas importante. Peu importe qu'ils soient noirs ou blancs.

Plus le corps est petit, plus ces figures sont fiables, car plus le corps est petit, plus l'indécision des investisseurs est grande. Et **plus l'indécision des investisseurs est grande, plus la probabilité que la tendance précédente** (haussière dans le cas de l'Étoile filante, baissière dans le cas du Marteau inversé) **prenne fin est grande**.

Plus l'ombre supérieure de l'Étoile filante et du Marteau inversé est longue, plus ces figures sont fiables. Dans le cas de l'Étoile filante, plus les sommets sont éloignés des prix actuels, plus il est clair que "le prix a cessé de monter". Et dans le cas du Marteau inversé, parce que plus le changement de mentalité des investisseurs est important, ceux-ci rejetant d'abord les prix qui leur semblaient trop chers (l'ombre supérieure du Marteau inversé) et acceptant immédiatement après ces prix comme bon marché.

Le haut de l'Étoile filante est une résistance très importante, et le bas du Marteau inversé est un support. Bien qu'elle ne soit généralement pas aussi importante que la résistance d'une Étoile filante ou le support d'un Marteau normal.

4.4 Pénétrante haussière

La Pénétrante haussière est un modèle de retournement haussier qui devrait donc apparaître à la fin d'une baisse.

Le motif pénétrant est composé de deux bougies, toutes deux de grande taille. La première bougie doit être noire, et la seconde doit être blanche. Il ne peut pas s'agir de l'inverse, et les deux ne peuvent pas être de la même couleur.

Idéalement, le corps du chandelier blanc doit commencer légèrement en dessous de la fermeture du corps du chandelier noir. En outre, le corps du chandelier blanc doit se terminer légèrement en dessous de l'ouverture du corps du chandelier noir. La fermeture de la bougie blanche doit se trouver dans la moitié supérieure du corps de la bougie noire. Plus les corps des deux chandeliers sont grands, plus la Pénétrante haussière est fiable. Et plus la fermeture du chandelier blanc est proche de l'ouverture du chandelier noir, plus la Pénétrante haussière est fiable.

Voici un exemple dans ce graphique hebdomadaire de Repsol :

La logique de la Pénétrante haussière est la suivante.

Après une baisse significative, qui fait que de nombreux investisseurs vendent par peur, une bougie noire à gros corps se produit. Cela signifie que le marché est très baissier et qu'il **ne semble pas prêt de retourner à la hausse avant longtemps**.

Le lendemain, les prix ouvrent encore plus bas (ouverture du corps blanc de la deuxième bougie), mais à partir de là, le prix commence à monter, et finit par fermer près de l'ouverture de la bougie noire précédente. Les perspectives changent considérablement, car **à l'ouverture du chandelier blanc, les derniers investisseurs qui**

perdent leur patience et leurs nerfs vendent. Et à partir de ce moment-là, le prix commence à augmenter, car il n'y a plus personne pour vendre à des prix inférieurs. C'est la capitulation des investisseurs qui privilégient leurs émotions au détriment du raisonnement, que je décris au point 8.1 du livre "Comment investir en Bourse à long terme en partant de zéro".

Rappelez-vous l'explication que nous avons vue sur les pensées des investisseurs Marteau (Jean, Ana, Louis et Jacques) pour comprendre également la formation de cette figure.

Comme nous l'avons vu dans le Marteau, une fois que le chandelier blanc est formé, les investisseurs qui ont vendu par peur commencent à le regretter, car ils voient que les prix ont non seulement cessé de baisser, mais commencent à augmenter.

L'extrémité inférieure de l'ombre inférieure du chandelier noir est une zone de support très importante, comme c'était le cas avec l'extrémité inférieure du Marteau. Et, comme dans le cas du Marteau, ce n'est que si cette extrémité inférieure de la Pénétrante haussière est clairement cassée que nous pouvons considérer que celle-ci a échoué. Tant que cela ne se produit pas, même si le prix entre dans un mouvement latéral, et même croise légèrement le bas de la bougie noire de la Pénétrante haussière, la figure reste en vigueur, et constitue un bon support pour acheter (comme toujours, en fonction de l'évaluation des fondamentaux de la société, bien sûr).

Comme pour toutes les figures tournantes, **si une figure Pénétrante apparaît au milieu d'un mouvement latéral, elle n'est pas importante et ne doit pas être prise en compte.**

4.5 Nuage noir

Le Nuage noir est la version baissière du modèle envahissant. C'est la même figure, mais à l'envers. Il est également formé de deux chandeliers, et aussi de deux grands corps.

Dans ce cas, le premier chandelier est blanc, et le deuxième est noir. L'ouverture du chandelier noir doit être supérieure à la fermeture du chandelier blanc. Et la fermeture du chandelier noir doit être légèrement supérieure à l'ouverture du chandelier blanc.

Les règles concernant sa fiabilité sont les mêmes que dans le cas du modèle de pénétration. Plus les corps des deux chandeliers sont grands, plus le Nuage noir est fiable. Et plus la fermeture du chandelier noir est proche de l'ouverture du chandelier blanc, plus le Nuage noir est fiable.

Voici un exemple de Nuage noir dans ce graphique d'Apple :

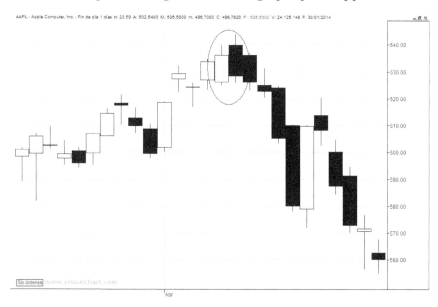

La logique du Nuage noir est la suivante.

Le prix est en hausse depuis un certain temps, donc la plupart des personnes qui achètent font des bénéfices immédiatement, et les autres n'ont qu'à attendre quelques jours pour voir le prix augmenter au-dessus de celui qu'ils ont acheté.

Sur la première bougie du Nuage noir (la bougie blanche), cette humeur euphorique se poursuit, clôturant la session au niveau ou très près des sommets de la journée. Tout le monde est donc bénéficiaire (sauf ceux qui avaient acheté longtemps auparavant, dans un mouvement haussier qui avait atteint des sommets plus élevés). L'humeur euphorique est donc assez élevée.

Le jour suivant (la bougie noire), les prix s'ouvrent au-dessus de leur point de fermeture de la veille (la fermeture de la bougie blanche), ce qui constitue un autre moment de joie pour les haussiers. Mais peu après l'ouverture de la session (la barre, en général), les prix commencent à baisser, et tout au long de la session la baisse s'accentue, pour fermer la session très près de l'ouverture de la veille. C'est une déception pour les haussiers, la première grande déception depuis longtemps. Certains investisseurs enregistrent déjà des pertes, et les plus nerveux, ou les investisseurs à court terme, commencent à vendre. Beaucoup de ceux qui étaient sur le point d'acheter hésitent à le faire, et reportent leurs achats jusqu'à ce qu'ils voient si la reprise se poursuit ou non.

Les acheteurs sont de moins en moins disposés à acheter, et ne le font que s'ils achètent un peu moins cher que dans un passé récent. Comme la plupart des investisseurs et des négociants qui achètent sont encore bénéficiaires, il **n'est pas difficile pour ceux qui veulent vendre de baisser un peu leurs prix de vente**, afin de conclure l'affaire le plus rapidement possible et de bloquer les bénéfices qu'ils ont réalisés jusque-là.

Le **changement d'état d'esprit des acheteurs et des vendeurs** signifie que les prix auxquels les transactions sont conclues sont de plus en plus bas, mettant fin à la tendance haussière précédente.

Comme pour la Pénétrante haussière, le point le plus élevé du Nuage noir (ombres incluses) devient la résistance, car il est difficile pour quiconque de payer des prix plus élevés que cela, **sachant** que la dernière fois que les prix sont arrivés là, personne n'a payé des prix plus élevés, et c'est pourquoi le prix a terminé sa tendance à la hausse, et a commencé à baisser.

Logiquement, toutes les entreprises de qualité finissent par briser leurs résistances et atteindre de nouveaux sommets historiques. Mais il n'est généralement pas facile pour eux de surmonter ces résistances. Donc avant de les surmonter, il y a souvent des échecs lorsqu'ils atteignent ces zones.

La taille des ombres des deux bougies, et le fait que l'une soit au-dessus ou au-dessous de l'autre, n'est pas important pour déterminer si nous sommes devant un Nuage noir ou non. Dans cette figure, ce sont les corps des bougies qui comptent, et non leurs ombres. Il en va de même pour la figure précédente, la Pénétrante haussière. La taille des ombres des bougies et la position de certaines ombres par rapport à d'autres ne sont pas importantes, seuls les corps doivent être pris en compte.

4.6 Avalement haussier et baissier

Ces deux figures sont en fait des variantes des deux figures que nous venons de voir, le Patron Pénétrant et le Nuage noir.

Un avalement haussier est une Pénétrante haussière, mais plus "grande".

Et un avalement baissier est un Nuage noir, mais aussi plus "grand".

Voyons un exemple de tendance avalement haussier dans ce graphique mensuel de Henkel :

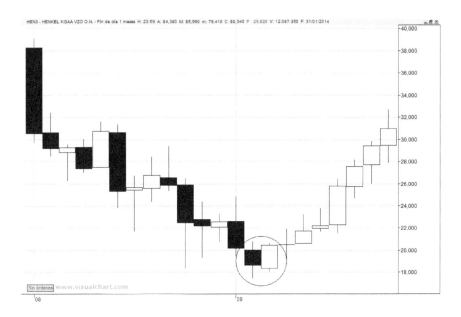

Dans la Pénétrante haussière, nous avons dit que la fermeture de la bougie blanche devait être légèrement inférieure à l'ouverture de la bougie noire. Dans le cas du modèle d'avalement haussier, la fermeture du chandelier blanc **va un peu plus loin** que dans la Pénétrante haussière, étant au-dessus de l'ouverture du chandelier noir. Ainsi, dans l'avalement haussier, le corps du chandelier blanc "enveloppe" complètement le corps du chandelier noir. Ainsi, un avalement haussier est une Pénétrante haussière, mais "plus grande".

Lorsque nous avons parlé de la Pénétrante haussière, nous avons également dit que plus la fermeture de la bougie blanche est proche de l'ouverture de la bougie noire, plus la figure est fiable. C'est précisément pour cette raison que **l'avalement haussier est une**

figure plus importante et plus fiable que la Pénétrante haussière car la fermeture du chandelier blanc dépasse l'ouverture du chandelier noir.

Tout ce que nous avons vu en parlant de la figure Pénétrante est valable pour la figure d'avalement haussier, car il s'agit fondamentalement de la même figure, avec une légère variation qui donne à l'une (figure d'avalement haussier) plus de force et de fiabilité qu'à l'autre (Pénétrante haussière).

Voyons maintenant un exemple de la flexibilité que l'on peut avoir en analysant les modèles de chandeliers japonais dans ce graphique d'Iberdrola :

La figure que j'ai marquée d'une ombre **n'est pas, à proprement parler, un avalement haussier**, car l'ouverture de la bougie blanche est au-dessus de la fermeture de la bougie noire. Théoriquement, pour qu'il s'agisse d'un avalement haussier, l'ouverture du chandelier blanc doit être légèrement inférieure à la fermeture du chandelier noir.

Ce n'est pas non plus une Pénétrante haussière, car la fermeture du chandelier blanc est au-dessus de l'ouverture du chandelier noir, et l'ouverture du chandelier blanc est au-dessus de la fermeture du chandelier noir. Par conséquent, il ne répond pas non plus à l'idéal attendu d'une Pénétrante haussière.

Mais alors, **cette figure n'est pas "rien" ?**

Comme nous pouvons le voir, elle ressemble beaucoup à une tendance d'avalement haussier, elle apparaît à la fin d'une tendance baissière, et se comporte comme une tendance d'avalement haussier. Par conséquent, je pense qu'il faut la considérer comme un avalement haussier, même si elle ne correspond pas à l'idéal théorique de ce dernier. Comme je l'ai déjà dit, il est **beaucoup plus important de savoir où les figures de chandeliers apparaissent que de savoir si elles répondent ou non aux idéaux théoriques**.

Dans ce graphique mensuel de 3M, nous pouvons voir plusieurs avalements baissiers :

Comme vous pouvez le voir sur le graphique, 3M a une résistance très importante dans la zone des 90-95 dollars, où elle a trois avalements baissiers (ombrées sur le graphique), ainsi que d'autres figures de retournement baissier, comme un Nuage noir au début-milieu de 2011.

L'analogie entre l'avalement baissier et l'avalement haussier est complète. En répétant ce qui a déjà été dit avec d'autres mots, je crois qu'au lieu de clarifier les choses, cela pourrait prêter à confusion, car de nombreux lecteurs pourraient voir de petites nuances là où il n'y en a pas, en raison de l'utilisation de mots légèrement différents pour expliquer la même chose.

Un avalement baissier est un Nuage noir mais plus "grand", et les différences et similitudes entre le Nuage noir et l'avalement baissier sont les mêmes que celles entre la Pénétrante haussière et l'avalement haussier.

Le point le plus haut (y compris les ombres) d'un avalement baissier est une résistance importante.

4.7 Lignes de contre-attaque

Les lignes de contre-attaque sont comme le Nuage noir ou la Pénétrante haussière, mais plus "petites".

La ligne de contre-attaque baissière est comme le Nuage noir, mais plus "petit", comme nous le voyons dans ce graphique hebdomadaire de Repsol :

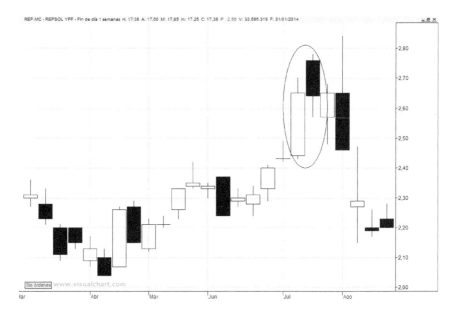

La première bougie doit être blanche, et la seconde noire, comme pour le Nuage noir. Le chandelier blanc doit fermer à ou très près de son maximum, et le chandelier noir doit fermer à ou très près de son minimum. La fermeture de la bougie blanche doit correspondre (il peut y avoir une petite différence) à la fermeture de la bougie noire.

L'ouverture du chandelier noir est bien au-dessus de la fermeture du chandelier blanc. La fermeture du chandelier noir n'est pas à l'intérieur du corps du chandelier blanc, mais juste là où le chandelier blanc s'est fermé. Si le côté baissier avait été plus fort et avait réussi à fermer les prix un peu plus bas, la fermeture de la bougie noire serait à l'intérieur du corps de la bougie blanche. Et si elle était proche de l'ouverture de la bougie blanche, alors la silhouette serait un Nuage noir.

Comme les baissiers n'ont pas eu assez de force pour fermer plus bas, la ligne de contre-attaque est similaire au Nuage noir, mais plus faible.

Évidemment, la logique et le fonctionnement de la ligne de contre-attaque baissière sont les mêmes que ceux du Nuage noir, la seule différence étant que l'un d'eux (le Nuage noir) est plus fort et plus fiable que l'autre (la ligne de contre-attaque baissière).

Plus les corps des deux chandeliers sont grands, plus la figure est fiable. Surtout celle du chandelier noir, car **dans ce cas, le changement de sentiment est d'autant plus important entre l'ouverture** (beaucoup plus élevée que la fermeture du chandelier blanc) **et la fermeture de la séance lorsque l'état d'esprit des investisseurs change** (le chandelier noir).

Plus le volume de transactions sur le chandelier noir est élevé par rapport au chandelier blanc, plus la figure est fiable. Quelque chose de similaire se produit avec les figures précédentes : si le volume est "en faveur" de la figure (plus élevé dans les bougies blanches que dans les bougies noires dans les figures haussières, et inversement dans les figures baissières), celle-ci est renforcée.

La ligne de contre-attaque haussière est, comme vous l'avez peut-être deviné, **semblable à une Pénétrante haussière, mais "plus**

petite". Dans ce graphique de Campofrio, nous voyons un exemple de ligne de contre-attaque haussière :

C'est la même chose que la ligne de contre-attaque baissière, mais en sens inverse. Les similitudes et les différences entre la ligne de contre-attaque haussière et la Pénétrante haussière sont les mêmes que celles entre la ligne de contre-attaque baissière et le Nuage noir.

Si vous avez compris les figures ci-dessus, vous savez déjà comment utiliser et quelles sont les implications de la ligne de contre-attaque haussière. Dans le cas de la ligne de contre-attaque haussière, la première bougie doit être noire, et la deuxième bougie doit être blanche. Les fermetures des deux bougies doivent correspondre (ou être très proches l'une de l'autre), et les règles de fiabilité de la figure sont les mêmes que pour la ligne de contre-attaque baissière.

Plus les corps des deux chandeliers sont grands, plus la figure est fiable. Surtout celle du chandelier blanc, car dans ce cas, le changement est d'autant plus important entre l'ouverture (beaucoup plus faible que la fermeture du chandelier noir) et la fermeture de la séance où l'état d'esprit des investisseurs change (le chandelier blanc).

Plus le volume de transactions sur le chandelier blanc est élevé par rapport au chandelier noir, plus la figure est fiable.

Le point minimum de la ligne de contre-attaque haussière est à partir de ce moment un support important, et le point maximum de la ligne de contre-attaque baissière devient une zone de résistance.

4.8 Doji, que sont-ils et quelles sont leurs implications?

Pour mieux comprendre certaines des figures de rendement que nous verrons plus tard, je pense qu'il est important de savoir d'abord ce que sont les Doji, et comment ils doivent être interprétés.

Les Doji sont des chandeliers dans lesquels le corps est inexistant, car le prix d'ouverture coïncide avec le prix de fermeture. Les Doji ne sont ni des chandeliers blancs ni des chandeliers noirs, car ils n'ont pas de corps.

Dans ce graphique 3M, nous voyons un Doji "idéal", qui est l'ombre la plus à droite sur le graphique:

Analyse technique et chandeliers japonais pour les investisseurs à moyen et long terme

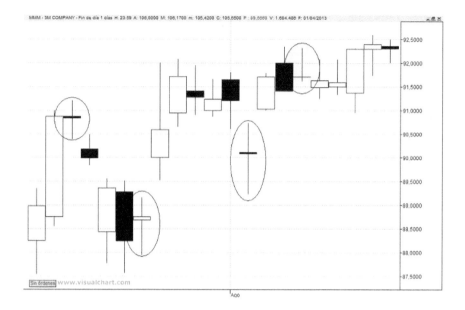

Comme nous le voyons dans l'ombre la plus à droite sur le graphique, l'ouverture coïncide avec la fermeture et donc le corps de cette bougie n'existe pas. Ce n'est ni noir ni blanc.

Qu'en est-il des 3 bougies ombragées les plus à gauche du graphique - sont-elles des Dojis, ou non ?

En théorie, elles ne le sont pas, car l'ouverture et la fermeture ne correspondent pas exactement. Cela signifie qu'elles ont un corps (noir ou blanc), même s'il est très petit.

En pratique, je pense qu'elles devraient être traités comme des Dojis, en raison de la flexibilité dans l'interprétation des motifs que j'ai déjà mentionnée à plusieurs reprises, et qu'il est très important de toujours garder à l'esprit.

Supposons que les prix se situent entre 10 et 11 dollars. Et supposons aussi que la session s'ouvre à 10,46 $. Il n'est pas logique que si la séance se termine à exactement 10,46 $, il s'agit d'une bougie pertinente qui devrait influencer notre processus de prise de décision, mais si la fermeture est à 10,47 $, ou 10,43 $, alors cette bougie n'a aucune signification. **En effet, il importe peu que l'ouverture et la fermeture soient séparées de 3 centimes ou qu'elles soient exactement identiques.**

L'important est que **les Dojis montrent qu'il y a une indécision**. C'est facile à voir intuitivement, car si les ombres sont très longues, les prix ont beaucoup augmenté, puis baissé, et aussi beaucoup baissé, puis augmenté. Et si les ombres sont très courtes, il y a aussi beaucoup d'indécision, parce que les prix ont été "bloqués" dans une zone très réduite, ni à la hausse ni à la baisse de manière significative. Bien qu'en général, plus les ombres sont longues, plus le Doji est important, **car plus les prix ont été rejetés et se sont retournés**.

Selon la position du corps et la longueur des ombres, il existe plusieurs types de Dojis. Les plus importantes sont :

Doji Dragon volant :

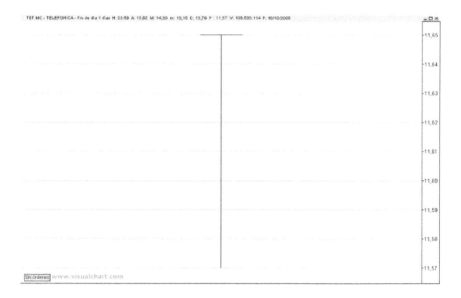

Le Doji du Dragon Volant n'a pas d'ombre supérieure, seulement une ombre inférieure. L'ouverture et la fermeture coïncident avec le sommet de la session. Cette figure a des implications haussières, car les prix ont chuté et n'ont pas été en mesure de se maintenir. A la fermeture, les prix n'ont pas baissé par rapport à l'ouverture, mais ils n'ont pas augmenté non plus. Ce qui se passe, c'est que le fait que nous ayons déjà vu que lorsque les prix baissent, des acheteurs apparaissent et les font remonter, et cela indique donc qu'il semble plus probable que les prix augmentent dans les prochaines sessions.

Doji pierre tombale :

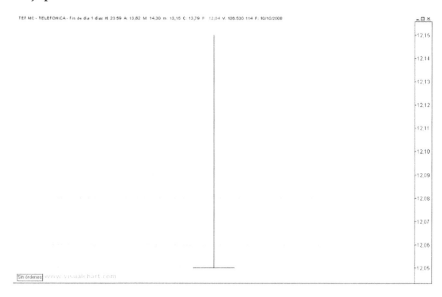

Dans ce cas, l'ombre inférieure n'existe pas, car l'ouverture et la fermeture coïncident avec le minimum de la barre. Le Doji pierre tombale est la version opposée du Doji du dragon volant. Dans ce cas, les implications sont baissières, car ce Doji montre que les prix ont augmenté, mais n'ont pas été en mesure de se maintenir. Si le marché a rejeté les prix au-dessus du prix actuel, les prix sont susceptibles de baisser dans les prochaines sessions.

Bien que, comme pour le Doji du dragon volant et toutes les autres figures de chandeliers japonais, il est crucial de noter où chaque figure apparaît. Au milieu d'une tendance latérale, ni le Doji dragon volant ni le Doji pierre tombale ne sont importants et ne doivent être pris en compte, car dans ce cas, ils font partie du mouvement latéral et ne devraient pas avoir une influence majeure sur les mouvements de prix.

Notez que le fait que le marché rejette des prix plus bas (Doji dragon volant) ou plus élevés (Doji pierre tombale) **est important si le**

marché n'a jamais été à ces prix, ou du moins pendant une longue période. Si, par exemple, lors des séances précédant un Doji pierre tombale, les prix ont évolué normalement dans la zone de l'ombre supérieure du Doji, cette ombre n'indique pas que le marché rejette ces prix, puisque quelques jours plus tôt, les prix évoluaient dans cette zone sans être clairement rejetés. On pourrait dire la même chose d'un Doji du Dragon Volant dans une situation similaire, au milieu d'une tendance latérale.

Dans ce graphique de Metrovacesa, nous voyons un Doji de pierre tombale au milieu d'une tendance latérale :

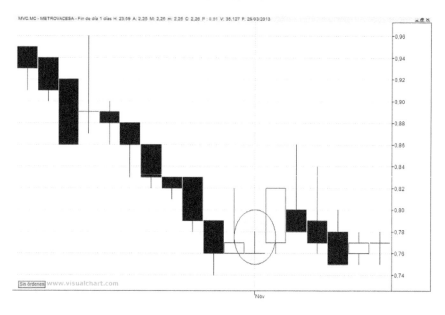

Dans ce cas, nous ne pouvons pas dire que le marché rejette la zone de prix marquée par l'ombre supérieure du Doji car, comme nous pouvons le voir, les jours précédents, il avait déjà traversé cette zone de prix, et a continué à le faire les jours suivants. Il est vrai que, dans ce cas, la tendance à moyen terme de Metrovacesa était baissière, mais ce Doji n'est pas très pertinent dans cette tendance baissière à moyen terme, car il apparaît au milieu d'un mouvement latéral, et a également une ombre supérieure relativement petite.

Un mouvement latéral est le résultat de l'indécision des investisseurs, et le marché ne se décide ni à la hausse ni à la baisse. Par conséquent, l'**apparition d'un Doji au milieu d'un mouvement latéral ne nous apporte aucune nouvelle information**, car nous savons déjà que le marché est indécis.

Le dragon volant et le Doji pierre tombale sont deux cas particuliers de Doji, car bien qu'ils soient également un signe d'indécision du marché, ils ont seuls des implications haussières (dragon volant) ou baissières (pierre tombale). En fait, **un Doji dragon volant est un cas particulier de Marteau ou de Pendu**, où le corps est inexistant et l'ouverture coïncide avec la fermeture. Et **un Doji pierre tombale est un cas particulier d'Étoile filante ou de Marteau inversé**, où le corps est inexistant, et où l'ouverture coïncide avec la fermeture.

Un autre type de Doji qui porte un nom particulier est le "**Porteur d'eau**". Il s'agit en fait du Doji qui répond le mieux à l'idéal théorique de l'indécision, avec l'ouverture et la fermeture à peu près au milieu de la bougie, et avec des ombres très longues :

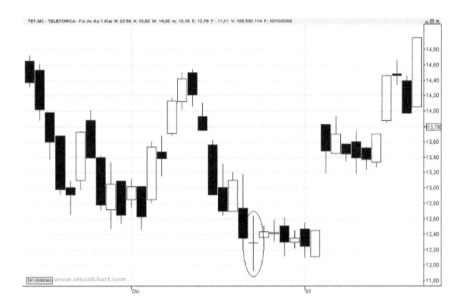

C'est le Doji qui reflète le mieux l'indécision du marché, car les prix baissent beaucoup pour remonter, et remontent beaucoup pour redescendre, mais à la fin de la session ils sont au même endroit où ils ont commencé. Un peu comme ces joueurs de football qui dribblent beaucoup dans toutes les directions, mais qui, quelque temps après avoir dribblé beaucoup, se retrouvent au même endroit où ils ont commencé leur mouvement.

Les Doji sont importants lorsqu'ils nous disent quelque chose de nouveau, et ils **nous disent quelque chose de nouveau lorsqu'ils apparaissent à un moment où le marché n'était pas indécis**. Par exemple, après une tendance à la hausse ou à la baisse.

Si le marché est dans une tendance haussière, il n'est pas indécis, il est haussier. Si nous sommes dans une tendance haussière et que soudain un Doji apparaît, ce Doji nous indique que les investisseurs sont passés de la hausse à l'indécision, et c'est **important**. Il en va de même dans une tendance à la baisse. Si un Doji apparaît dans une tendance baissière, ce Doji nous indique que les investisseurs sont passés de l'état baissier à l'état indécis.

L'indécision peut être résolue dans les deux sens. Dans le sens de la tendance précédente également. Par exemple, si nous sommes dans une tendance haussière et qu'un Doji (indécision) apparaît, après cette indécision la tendance haussière peut être reprise, elle ne doit pas nécessairement mettre fin à la tendance haussière et laisser place à une nouvelle tendance baissière, ou latérale.

Il en va de même pour les tendances baissières et les Dojis. L'apparition d'un Doji dans une tendance baissière ne signifie pas nécessairement que la tendance baissière est terminée.

Par conséquent, les Dojis, en général, ne sont pas des figures de retournement en soi. Mais ils sont un premier avertissement que la tendance dans laquelle nous étions jusqu'à l'apparition du Doji pourrait être terminée. C'est pourquoi les barres qui suivent immédiatement l'apparition d'un Doji à un endroit pertinent (pas au milieu d'une tendance latérale, comme nous l'avons déjà vu) sont très importantes, et nous devons y prêter attention. Car l'ensemble du Doji et des barres qui le suivent immédiatement peut indiquer que la probabilité que la tendance se termine est élevée.

Dans certains cas, les Dojis peuvent en effet être des figures de retour, comme nous le verrons dans les figures que nous examinerons dans les sections suivantes.

Pour l'instant, parlons de quatre figures que nous avons déjà vues.

Un Doji dragon volant à la fin d'une tendance baissière est similaire à un Marteau. En fait, un Doji du dragon volant est une variante d'un Marteau "normal". En principe, un Doji du dragon volant est plus fiable qu'un Marteau. Comme nous l'avons vu lors de l'analyse du Marteau, plus l'ombre inférieure est longue et plus la fermeture de la barre est éloignée du niveau le plus bas de la barre, plus le Marteau est fiable. Comme dans le Doji du dragon volant, la fermeture se situe à l'extrémité supérieure de la barre, elle ne peut pas être plus éloignée, et donc la fiabilité du Doji du dragon volant est supérieure à celle du Marteau.

Et pour les mêmes raisons, mais en sens inverse, **un Doji de pierre tombale à la fin d'une tendance haussière est comme une Étoile filante**, mais plus fiable et plus forte.

Les deux qui nous manquent sont le Pendu et le Marteau inversé. **Un Doji dragon volant après une tendance haussière est comme un Pendu**, mais un peu plus fiable. Et **un Doji pierre tombale après une tendance baissière est comme un Marteau inversé**, mais un peu plus fiable.

4.9 L'Étoile du matin

L'Étoile du matin est l'un des principaux modèles de retournement haussier. **Il est similaire à un motif haussier d'avalement ou pénétrant, avec un Doji (ou similaire) entre les deux.** Il est donc composé de trois bougies.

C'est-à-dire qu'il y a d'abord une grande bougie noire, puis un Doji (ou similaire), puis une grande bougie blanche.

La bougie noire et la bougie blanche doivent être de taille similaire et se trouver à peu près à la même hauteur. Les prix d'ouverture et de fermeture de la bougie noire et de la bougie blanche peuvent être légèrement supérieurs ou inférieurs à ceux de l'autre bougie, il n'y a pas de règles fixes comme dans l'avalement haussier ou la Pénétrante haussière. Mais plus la bougie blanche fermeture haut, plus l'Étoile du matin est fiable.

Plus les corps des bougies noirs et blancs sont grands, plus la figure est fiable.

Plus le corps de la bougie blanche est grand par rapport à celui de la bougie noire, plus la figure est fiable (bien que le corps de la bougie blanche puisse être plus petit que celui de la bougie noire, et être quand même une Étoile du matin).

C'est-à-dire que la fermeture de la bougie blanche peut être inférieure à l'ouverture de la bougie noire. Mais si elle est au-dessus, tant mieux, car cela donne plus de force à l'Étoile du matin.

La fiabilité de la figure est également renforcée par le fait que le volume de la bougie blanche est supérieur à celui de la bougie noire.

La bougie centrale doit avoir un petit corps. Il peut s'agir d'un Doji, mais pas obligatoirement. Dans le cas d'un chandelier à petit corps, il importe peu que le corps soit blanc ou noir. Il n'est pas essentiel qu'il ait une longue ombre inférieure, mais si c'est le cas, cela augmente considérablement sa fiabilité. Et plus l'ombre inférieure est longue, mieux c'est. Une longue ombre inférieure sur ce chandelier central, qui est clairement en dessous des ombres inférieures des chandeliers noirs et blancs, rend cette figure très fiable.

En théorie, le corps du chandelier central devrait se situer sous le corps du chandelier noir et blanc, bien qu'il puisse chevaucher l'ombre inférieure des chandeliers noir et blanc. Dans la pratique, il arrive que le corps de la bougie noire ou blanche et la bougie centrale se chevauchent également, et la figure se comporte alors comme une Étoile du matin. Si le corps du chandelier central est inférieur au corps du chandelier noir, cela signifie que l'ouverture du chandelier central est inférieure à la fermeture du chandelier noir, ce qui donne l'impression que la tendance baissière peut se poursuivre au début de cette séance après le grand chandelier noir. Cela "piège" ceux qui ouvrent des positions baissières (ou vendent par peur, comme nous l'avons vu précédemment) à l'ouverture de cette bougie centrale.

Logiquement, les Étoiles du matin sont importantes lorsqu'elles apparaissent après une nette tendance à la baisse, et n'ont aucune importance au milieu d'un mouvement latéral.

Le point le plus bas de l'Étoile du matin, qui dans presque tous les cas est l'extrémité inférieure de la bougie centrale, devient un support très important à partir de ce point.

Le nom de cette figure est une analogie avec le lever du soleil.

La bougie noire représente la nuit fermée, lorsque le marché est très baissier, et qu'il **semble qu'il ne fera plus jamais jour**.

La bougie centrale est l'Étoile du matin elle-même. **Les investisseurs ne sont plus convaincus que les prix vont continuer à baisser.** Dans la bougie précédente (la noire), il était clair pour eux que les prix ne pouvaient que baisser, mais maintenant ils en doutent fortement. Cette bougie centrale est l'Étoile qui annonce l'aube à venir.

La troisième bougie, la bougie blanche, représente le jour. Le "noir" est maintenant "blanc", la nuit est terminée (la tendance baissière), et **un nouveau jour commence** (une nouvelle tendance haussière), qui a encore un long chemin à parcourir, jusqu'à ce que la nuit tombe à nouveau.

Dans ce graphique, nous voyons une Étoile du matin chez Telefonica :

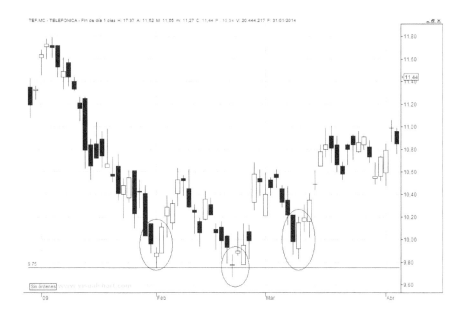

L'Étoile du matin est l'ombre la plus à gauche.

Comme nous pouvons le voir sur ce graphique, le fait qu'après une tendance baissière, les prix forment une figure de retournement haussier (dans ce cas, il s'agit d'une Étoile du soleil levant, mais il en va de même pour toute autre figure de retournement haussier) ne signifie pas que les prix vont grimper immédiatement.

Ce que les figures de retournement haussier nous disent, lorsqu'elles fonctionnent comme prévu, c'est que la tendance baissière est terminée et qu'un support important a été créé dans cette zone (le bas de la figure de retournement haussier). Après la figure de retournement haussier, qui fonctionne comme prévu, **une nouvelle tendance haussière peut commencer, mais aussi une tendance latérale**.

Dans ce cas, nous voyons que l'Étoile de l'aube crée un support important dans la zone de 9,75 euros (approximativement, rappelez-vous que les supports et les résistances ne sont pas des points exacts, mais des zones approximatives, bien que parfois ils fonctionnent ainsi).

Après l'Étoile du matin, les prix augmentent, mais pas de beaucoup, puis baissent à nouveau.

Dans la même zone de 9,75 euros, une autre figure de retournement est formée, un Doji (ombre centrale) de type "porteur d'eau", et les prix augmentent à nouveau.

Mais ils chutent à nouveau, et à nouveau dans la zone des 9,75 euros, une troisième figure de retournement haussière se forme, dans ce cas une Pénétrante haussière (ombre à droite), après quoi la "bonne" tendance haussière commence.

Il en va de même pour les modèles de retournement baissiers. Dans ce cas, ce qu'ils créent est une résistance majeure au point le plus haut du modèle de renversement baissier. Après chaque figure de retournement baissier, qui fonctionne comme prévu, la tendance haussière prend fin et **une tendance baissière ou latérale peut alors s'amorcer.**

Dans cet autre graphique mensuel de General Electric, nous allons voir une Étoile du matin "imparfaite" :

Comme vous pouvez le voir, le chandelier central n'est pas un Doji, et il n'a pas non plus un petit corps. Le corps de la bougie centrale est à peu près de la même taille que celui de la bougie blanche, qui est elle-même un peu plus petite que celle de la bougie noire. **Il existe plusieurs différences entre cette figure et l'idéal théorique de l'Étoile du matin.**

Mais "ceci" a fonctionné comme une "Étoile du matin", et très bien, car après avoir formé cette figure, les prix sont passés de 6 à plus de 20 dollars.

Je voulais utiliser ce graphique comme un autre exemple du fait qu'il est beaucoup plus important de savoir où les figures apparaissent que de savoir si elles correspondent ou non au modèle idéal.

La tendance précédente était très baissière (cette chute était due aux problèmes de la filiale financière de General Electric, causés par la crise des subprimes américains). De plus, l'ombre inférieure de la bougie centrale est assez longue, signe que le marché a rapidement rejeté ces prix. Il est également important que la bougie blanche, bien qu'elle ait un corps beaucoup plus petit que la bougie noire, se ferme au-dessus de l'ouverture de la bougie noire.

4.10 Étoile du soir

C'est la figure opposée à l'Étoile du matin, et tout ce qui a été dit pour l'Étoile du matin est valable pour l'Étoile du soir, en tenant compte, logiquement, que l'Étoile du matin est la fin d'une tendance baissière et que l'Étoile du soir est la fin d'une tendance haussière.

L'Étoile du soir représente la transition du jour à la nuit, de la tendance à la hausse à la tendance à la baisse.

Dans ce cas, la première bougie est blanche, le jour. Nous sommes dans une tendance haussière et dans cette première bougie Sunset Star, la bougie blanche, la tendance haussière est encore très forte, clôturant près des sommets de la journée.

La deuxième bougie est également une bougie à petit corps. Il peut s'agir d'un Doji, mais pas obligatoirement. Le corps de la bougie centrale doit se trouver au-dessus du corps de la bougie blanche et du corps de la bougie noire, mais il n'est pas indispensable que ce soit toujours le cas. Ce chandelier central est l'Étoile du soir elle-même, qui annonce que la journée se termine et que la nuit va bientôt commencer à tomber. Cela signifie que la tendance haussière est probablement terminée, et qu'à partir de ce point, les prix sont beaucoup plus susceptibles de baisser dans les prochaines sessions.

Dans les chandeliers japonais, on trouve de nombreuses figures qui ont une version "miroir" d'elles-mêmes. L'une est la version haussière et l'autre la version baissière. Et dans beaucoup de ces cas, les deux versions fonctionnent exactement de la même manière, mais en sens inverse. Dans certains cas, comme avec le Marteau et le Pendu que nous avons déjà vu, le fonctionnement de la version haussière (le Marteau, dans ce cas) n'est pas exactement le même que celui de la version baissière (le Pendu, dans ce cas). Mais pour beaucoup d'autres, c'est la même chose, il suffit de la regarder dans un "miroir".

Le fonctionnement de l'Étoile du soir est le même, mais en sens inverse, que celui de l'Étoile du matin, et je pense que répéter le même texte en changeant les termes "haussier" pour "baissier", "blanc" pour "noir", etc. (ou en utilisant des formulations différentes pour exprimer la même chose) embrouillerait le lecteur au lieu de l'aider. Car l'**important est de comprendre la logique de ces figures**, pas de remplir des pages et de les apprendre par cœur.

Si vous comprenez le fonctionnement et la logique de l'Étoile du matin, alors vous comprenez le fonctionnement de l'Étoile du soir, car **c'est la même chose, mais en sens inverse**. Par exemple, l'Étoile du soir est renforcée si le volume de la bougie noire est supérieur au volume de la bougie blanche, tandis que l'Étoile du matin était renforcée lorsque le volume de la bougie blanche était supérieur au volume de la bougie noire. Le point le plus élevé de l'Étoile du soir devient une résistance importante. Etc.

Ce graphique de la Royal Bank of Scotland montre un exemple d'Étoile du soir :

Comme on peut le voir, ce n'est pas une Étoile du soir "parfaite", car le corps de la bougie centrale chevauche très légèrement le corps de la bougie blanche, mais ce n'est pas un détail important. La ligne horizontale est la Résistance qui crée la formation de cette Étoile du soir.

4.11 Creux et sommets en tour

Les creux et sommets en tour sont très similaires aux deux figures que nous venons de voir, l'Étoile du matin et du soir.

Le **creux en tour** est comme une Étoile du matin, mais au lieu d'avoir une bougie à petit corps au centre de la figure, il y a plusieurs bougies à petit corps dans cette partie centrale. C'est-à-dire qu'il y a d'abord une grande bougie noire, puis plusieurs petites bougies, et enfin une grande bougie blanche.

La logique et le fonctionnement du creux en tour sont les mêmes que ceux de l'Étoile du matin. La seule différence est que la phase d'indécision n'est pas une bougie unique, mais plusieurs bougies.

Les considérations concernant les deux bougies à grand corps, la première (noire) et la dernière (blanche) de la figure, sont les mêmes que celles que nous avons vues pour les deux bougies à grand corps de l'Étoile du matin (également la première noire, et la dernière blanche). En d'autres termes, plus ces corps sont grands, plus la figure est fiable. Plus la fermeture de la bougie blanche est supérieure à l'ouverture de la bougie noire, mieux c'est. Si le volume du chandelier blanc est plus élevé que celui du chandelier noir, c'est mieux. Etc.

Les bougies centrales doivent être petites. Le nombre de ces petites bougies centrales est indéterminé, elles peuvent être deux ou sept (pas des dizaines de petites bougies, à moins que cela arrive dans une situation très particulière). Elles peuvent être ou ne pas être des Dojis. Et la couleur de leur corps est également indifférente, qu'elles soient toutes blanches, toutes noires, ou un peu blanches et un peu noires.

Dans ce graphique, nous voyons un creux en tour chez BP :

Les Étoiles du matin sont plus fréquentes que les creux en tour.

En comprenant le fonctionnement de l'Étoile du soir et les différences entre l'Étoile du matin et les creux en tour, vous comprenez ce qu'est un sommet en tour et comment il fonctionne.

Un **sommet en tour** est une Étoile du soir qui, au lieu d'avoir une seule bougie centrale à petit corps, a plusieurs bougies centrales à petit corps.

Dans ce graphique de Ciment Portland, voici un exemple de sommet en tour :

Les Étoiles du soir sont également plus fréquentes que les sommets en tour.

L'idéal théorique est que, dans les deux cas, les grandes bougies noires et blanches situées aux extrémités des deux figures se trouvent juste en face l'une de l'autre. Mais ce n'est pas toujours le cas, et dans les deux graphiques que nous venons de voir, ce n'était pas le cas.

La fiabilité des creux en tour est la même, et dépend des mêmes éléments, que celle des Étoiles du matin.

Et la fiabilité des sommets en tour est la même, et dépend des mêmes choses, que celle des Étoiles du soir.

Le point minimum des creux en tour est un support important.

Et le maximum du sommet en tour est une résistance importante.

4.12 Trois Montagnes et Trois Rivières

Ces deux figures sont très similaires à deux autres que nous avons déjà vus dans l'analyse technique occidentale, et fonctionnent à peu près de la même manière.

Les Trois Montagnes sont équivalentes au Triple Tops, et les Trois Rivières sont équivalentes au Triple bottoms,

Les figures orientales et leurs versions occidentales sont pratiquement les mêmes.

Les trois sommets des Trois Montagnes peuvent ou non être à la même hauteur. Dans le cas des Trois Montagnes, si la montagne centrale est un peu plus haute que les deux situées aux extrémités, la figure est appelée **Trois Bouddhas**, et est l'équivalent de l'Épaule Tête Épaule occidentale que nous avons déjà vue.

Il en va de même pour les Trois Rivières, mais en sens inverse. Les trois creux des Trois Rivières peuvent être à la même hauteur, ou pas. Si le creux central est un peu plus profond que les deux creux extrêmes, et que les deux creux extrêmes sont à peu près à la même hauteur (bien qu'avec une certaine flexibilité), alors la figure s'appelle **Trois Bouddhas inversés**, et est équivalente à l'ETEi occidentale.

La fiabilité de ces deux figures est grandement améliorée par l'apparition de figures de retournement aux sommets ou aux creux qui les confirment.

En d'autres termes, une figure des Trois Montagnes (ou des Trois Bouddhas) est plus fiable si, à chacun de ses trois sommets **(en particulier au troisième sommet),** il existe des figures de retournement baissier telles que, par exemple, l'Étoile du soir, le Nuage noir, l'Étoile filante, etc.

Et une figure des Trois Rivières (ou des trois bouddhas inversés) est plus fiable si, à chacun de ses trois points bas (en particulier au troisième), il existe des figures de retournement haussier telles que, par exemple, l'Étoile du matin, la Pénétrante haussière, le Marteau, etc.

Dans ce graphique, voici une figure de Trois Montagnes chez Iberdrola :

Comme vous pouvez le constater, c'est pratiquement la même chose que le Triple Top (ou l'ETE, selon la hauteur des trois sommets) de l'analyse technique occidentale. Dans ces figures, on peut également tracer la ligne de cou, tout comme dans l'ETE normal et inversé. Dans ce cas, la ligne de cou une fois cassée fait office de Résistance, comme nous pouvons le voir sur la partie droite du graphique.

Dans cet autre tableau d'Endesa, nous avons un exemple de figure de Trois Rivières :

Il est également pratiquement identique au triple bottom occidental et à l'ETE inversée. Et aussi dans ce graphique j'ai dessiné la ligne de cou, qui comme on le voit dans ce cas, une fois cassée, fonctionne comme Support dans le Pullback qui fait le prix à cette ligne de cou tout juste cassée.

Ces figures sont importantes lorsqu'elles apparaissent dans des zones de hauts et de bas historiques, ou du moins à moyen ou long terme. Au début, elles peuvent être confondues avec de nombreux mouvements latéraux, il faut donc les rechercher après une hausse (Trois Montagnes) ou une baisse (Trois Rivières) significative des prix.

4.13 Harami

Le Harami est une figure de retournement haussier ou baissier, selon s'il apparaît à la fin d'une tendance baissière ou d'une tendance haussière.

Il est **moins fiable** que les Étoiles du soir et du matin, les Marteaux et les Étoiles filantes, les nuages noirs et les Pénétrantes, ou les avalements haussiers et baissiers.

Le Harami est composé de deux chandeliers.

Le **Harami haussier** est formé par un chandelier noir à grand corps, suivi d'un chandelier noir à petit corps de n'importe quelle couleur. Ils doivent apparaître dans l'ordre indiqué, il ne suffit pas que le chandelier à petit corps apparaisse en premier et ensuite le chandelier noir à grand corps. Le deuxième peut bien sûr être un Doji, mais ce n'est pas obligatoire. Le corps du deuxième (le chandelier à petit corps) doit être contenu dans le corps du premier chandelier (le chandelier noir), c'est très important. L'ombre inférieure du chandelier à petit corps peut se trouver sous le corps du chandelier noir à grand corps.

La logique derrière le Harami haussier est qu'après une forte baisse, un chandelier noir de grande taille se produit, dans un environnement où il semble presque certain que les baisses vont se poursuivre dans les sessions suivantes. Mais lors de la session suivante, les prix évoluent dans une fourchette relativement étroite, et au-dessus de la fermeture du chandelier noir. En d'autres termes, les investisseurs sont beaucoup plus indécis que le jour précédent (et que les semaines précédentes, car nous venons d'une tendance baissière, dans laquelle toutes ou presque toutes les sessions précédentes de ces semaines précédentes ont clôturé par des baisses). Et, de plus, les prix évoluent au-dessus du prix (fermeture de la bougie noire) qui, à la fin de la session précédente (il y a seulement un jour), **semblait devoir être facilement cassé à la baisse**. Cela signifie que **ceux qui ont vendu à la fin de la bougie noire commencent déjà à avoir le sentiment qu'ils ont eu tort de vendre**, car au cours de la session suivante, les prix sont toujours supérieurs au prix auquel ils ont vendu la veille (en s'attendant à ce que les baisses s'accélèrent, ce qui ne s'est pas produit).

L'indécision montrée par la deuxième bougie du Harami haussier marque la fin de la tendance baissière.

La logique des figures que j'ai citées plus haut, comme l'Étoile du matin ou le Marteau, est plus solide, et ces figures sont donc plus fiables que le Harami haussier.

Si la deuxième bougie, celle à petit corps, était une figure de retournement haussier en soi (comme un Marteau, ou un Doji dragon volant), elle augmenterait logiquement la fiabilité du Harami haussier.

Dans ce graphique, voici un Harami haussier chez Orange :

Le Harami est la fin de la tendance baissière, ce n'est pas le début d'une tendance haussière, mais une tendance latérale. Comme nous l'avons déjà vu, les figures de rotation nous indiquent en fait que la tendance actuelle est très probablement terminée, mais ils n'indiquent pas la probabilité que la prochaine tendance soit inverse, ou latérale.

Le **Harami baissier** est le même que le Harami haussier, mais à l'envers.

D'abord, un grand chandelier blanc apparaît, puis un petit chandelier, qui peut être de n'importe quelle couleur, ou même un Doji. Si cette deuxième bougie est une figure d'inversion baissière en soi (comme une Étoile filante ou un Doji pierre tombale), le Harami baissier augmente sa fiabilité, logiquement.

Dans ce graphique de la Deutsche Boerse, voici un Harami baissier et un Harami haussier :

Tout d'abord, le Harami baissier (ombre en haut) apparaît, après une tendance à la hausse. La deuxième bougie de ce Harami baissier est une Étoile filante, ce qui lui donne plus de force.

Le Harami baissier est suivi d'une forte baisse, qui se termine par un Harami haussier (ombre en bas), dont le deuxième chandelier est un Marteau, initiant une nouvelle tendance à la hausse.

Plus le corps de la première bougie est grand et plus le corps de la deuxième est petit, plus le Harami est fiable (à la fois haussier et baissier). En effet, plus le corps de la première bougie est grand, plus **le changement de mentalité pour la deuxième bougie est important**, interrompant rapidement une tendance antérieure très forte (haussière dans le cas des Haramis baissiers et baissière dans le cas des Haramis haussiers).

Plus une séance est haussière (dans une tendance à la hausse), plus les investisseurs s'attendent à ce que le prix augmente dans les séances à venir. Après une séance très haussière qui ferme sur ou très près des sommets de la journée, **presque personne ne s'attend à ce que la séance suivante voit le prix "ralentir" et presque s'immobiliser. Il est donc d'autant plus surprenant qu'il n'y ait pas de hausse aussi forte** lors de la prochaine séance, et qu'au lieu de cela, ce qui apparaît, c'est une forte indécision des investisseurs, représentée par cette deuxième bougie à petit corps. Quelque chose de similaire se produit avec les tendances baissières : plus la chute est importante lors d'une séance baissière (pour une tendance baissière), plus les investisseurs s'attendent à des chutes importantes pour les séances suivantes, et plus la surprise est grande si ces fortes chutes ne se produisent pas.

Comme pour tous les modèles de renversement, le point haut d'un Harami baissier devient une résistance, et le point bas d'un Harami haussier devient un support.

4.14 Trois corbeaux noirs

Les Trois corbeaux noirs sont une figure de renversement baissière. Il faut donc la rechercher après un mouvement haussier.

Elle se compose de trois chandeliers noirs à gros corps. La fermeture de chaque chandelier doit être inférieure à la fermeture du chandelier précédent.

Plus les corps des trois bougies sont grands, plus la figure est fiable.

Et plus la distance entre les fermetures des chandeliers est grande, plus la fiabilité de la figure est grande.

Plus le volume sur les trois chandeliers noirs est élevé, plus la figure est fiable.

La logique des Trois corbeaux noirs est assez évidente. Pour une raison ou une autre, les attentes des investisseurs changent brusquement, passant d'une tendance à la hausse à une chute rapide et brutale.

Le principal problème de cette figure est que plus elle est fiable, moins elle est utile en pratique. Parce que si les corps des trois bougies sont très grands et que les fermetures sont très éloignées les unes des autres, la figure est très fiable, mais en trois jours nous avons eu une très forte chute, et lorsque la figure est terminée nous sommes déjà très loin des sommets qui ont été atteints il y a seulement trois barres.

Dans ce graphique des hôtels NH, voici une figure de Trois corbeaux noirs :

Les corps des trois chandeliers sont larges, les trois fermetures sont très proches des plus bas de la session et il y a une bonne distance entre les fermetures des trois chandeliers. La fermeture de chaque chandelier doit être proche des points bas de ce chandelier. Cela donne à la figure une grande fiabilité. Mais le problème est le même que celui que nous avons déjà vu, à savoir que **lorsque les Trois corbeaux noirs ont fini de se former, il y a peu de profit à en tirer**.

La précédente tendance à la hausse de NH Hoteles dans cet exemple commence à 7,65 euros. Les investisseurs habiles, qui ont détecté le mouvement haussier à ses débuts, entreraient à 7,65-8,20 euros.

Le mouvement de hausse culmine aux alentours de 10,25 euros, mais lorsque les Trois corbeaux noirs sont terminés, en seulement trois séances, le prix est déjà à 9 euros, bien loin des sommets d'il y a quelques jours, autour de 10,25 euros.

En d'autres termes, les investisseurs qui ont été les premiers à repérer cette tendance haussière peuvent vendre à la formation des Trois corbeaux noirs avec un petit profit, mais ceux qui l'ont repérée un peu plus tard sortiront avec pratiquement aucun profit, ou même à perte.

Il y a une situation dans laquelle cette figure est utile, c'est lorsque les prix reviennent sur les sommets, qui constituent désormais une résistance importante. Dans le graphique, je l'ai dessiné avec une ligne horizontale.

Parfois, les prix reviennent sur ces sommets, et il est alors plus facile d'avoir le temps de réagir, surtout si la deuxième fois, ils forment une autre figure de retour, comme une Étoile du soir ou une Étoile filante, par exemple. Dans un tel cas, **la liquidation pour un investisseur à moyen terme serait assez claire**.

Le problème est que cette "deuxième opportunité" dépend de la chance.

Supposons le cas d'un investisseur à moyen terme dans le graphique ci-dessus de NH Hotels.

Nous avons acheté à 8,50 euros, et lorsqu'il a atteint 10,25 euros, nous n'avons pas vendu, car nous n'avons pas vu de figure de retournement et nous pensons qu'il peut encore aller plus haut. Soudain, les Trois corbeaux noirs apparaissent et le prix tombe à 9 euros.

Que faisons-nous ?

Si le prix remonte vers la zone des 10,25 euros et forme un Nuage noir, par exemple, il est tout à fait clair que nous devons vendre et fermer cette transaction à moyen terme.

Mais que se passe-t-il si, au lieu d'augmenter, il continue à baisser, et que demain ou après-demain, nous cessons de faire les petits profits que nous faisons maintenant, et que nous passons en pertes ?

La décision d'attendre de voir si les prix reviennent sur les sommets et nous donnent une "seconde chance" de vendre, ou non, est compliquée.

Comme je l'ai déjà dit, c'est le principal problème des Trois corbeaux noirs : plus ils sont fiables, moins ils nous sont utiles.

4.15 Trois soldats blancs

Les Trois soldats blancs sont la version haussière des Trois corbeaux noirs.

Comme pour d'autres paires de figures que nous avons déjà vues et dont l'une est l'inverse de l'autre, le fonctionnement et la logique des Trois soldats blancs sont les mêmes que ceux des Trois corbeaux noirs, mais à l'envers.

Ce graphique BBVA montre un exemple de Trois soldats blancs :

Il s'agit de trois chandeliers blancs, avec un grand corps, clôturant près du maximum de chaque bougie (dans ce cas, les trois chandeliers fermeturent juste à leurs maximums, mais il n'est pas essentiel de fermer juste aux maximums, il suffit de fermer près de ceux-ci), avec une distance suffisante entre leurs fermetures. Comme les Trois corbeaux noirs, mais à l'envers.

Les règles de fiabilité sont également les mêmes que dans les Trois corbeaux noirs.

Plus les corps sont grands, plus la fiabilité est grande.

Plus les chandeliers se rapprochent de leurs sommets, plus la fiabilité est grande.

Plus la distance entre les fermetures des chandeliers est grande, plus la fiabilité est grande.

Plus le volume des chandeliers est élevé, plus la fiabilité est grande.

Le problème de cette figure est le même que celui des Trois corbeaux noirs, à savoir que **lorsqu'elle sera terminée, nous serons déjà loin des creux d'il y a quelques jours**.

Le graphique de cet exemple montre cette "seconde chance" qui n'existait pas dans le cas des Trois corbeaux noirs de NH Hotels. Le retour du cours de l'action dans la zone des 6,40 euros, le support défini par les Trois soldats blancs, a représenté une opportunité d'achat assez claire.

4.16 Fenêtres

Les Fenêtres des chandeliers japonais sont l'équivalent des Gaps que nous avons déjà vus dans l'analyse technique occidentale, et elles fonctionnent de manière très similaire.

Fondamentalement, la seule chose qui change est la nomenclature.

Lorsque le saut de prix est à la hausse, il s'agit d'une Fenêtre haussière, et lorsque le saut de prix est à la baisse, il s'agit d'une Fenêtre baissière. Ce que l'on appelle dans l'analyse technique occidentale "combler le gap", dans les chandeliers japonais, c'est "fermer la Fenêtre".

Dans ce graphique de l'Ibex 35, voici plusieurs Fenêtres, certaines haussières et d'autres baissières :

Tout ce qui est dit dans la section correspondante pour les ouvertures est valable pour les Fenêtres, car il s'agit du même concept avec un nom différent.

4.17 Poêle à frire et Sommet lourdaud

Elles sont très similaires à deux figures de l'analyse technique occidentale que nous avons déjà vues.

La Poêle à frire est très similaire au rounding bottom.

Et le Sommet lourdaud est très similaire au rounding top.

La principale différence est que les versions orientales se forment lorsqu'une Fenêtre (trou) est ouverte dans le sens de la nouvelle tendance, et que les versions occidentales de ces figures ne nécessitent pas l'ouverture d'un trou pour se former.

En d'autres termes, la Poêle à frire se forme lorsqu'une Fenêtre haussière s'ouvre, et immédiatement après, une nouvelle tendance à la hausse commence. Et le Sommet lourdaud rempli est formé lorsqu'une Fenêtre baissière s'ouvre, et immédiatement après, une nouvelle tendance baissière commence.

Dans le cas de la Poêle à frire, la zone de la Fenêtre haussière (l'ensemble de la plage de prix où aucune transaction n'est exécutée) devient une zone de support.

Et dans le cas du Sommet lourdaud, la zone de la Fenêtre baissière (l'ensemble de la fourchette de prix où aucune transaction n'est exécutée) devient une zone de résistance.

Dans les deux figures, les chandeliers précédant les Fenêtres (haussières dans le cas de la Poêle à frire, et baissières dans le cas du Sommet lourdaud) sont généralement de petits chandeliers, résultat de l'indécision des investisseurs (indécision qui est brusquement brisée, avec l'ouverture de la Fenêtre correspondante), mais pas toujours.

Logiquement, les versions orientales (Poêle à frire et Sommet lourdaud) sont plus fiables, car la nouvelle tendance commence par un gap terminal, tandis que dans les versions occidentales (rounding bottom et rounding top), un tel gap terminal peut se produire, mais il n'est pas essentiel qu'il le fasse. Ou, pour le dire autrement, **les rounding tops et bottoms sont plus fiables lorsque la nouvelle tendance commence par un gap de continuation que lorsqu'il n'y a pas de gap de continuation.**

4.18 Triple formation haussière et baissière

Ces figures sont similaires à ceux des drapeaux occidentaux, bien que dans ce cas ils ne soient pas aussi égaux que dans d'autres cas que nous avons vus (comme les gaps et les Fenêtres, par exemple).

La Triple formation haussière et baissière est une figure de continuation, tout comme le drapeau, mais elle prend beaucoup moins de temps à se former, et est donc **moins fiable**. Et lorsqu'elle fonctionne, elle donne théoriquement lieu à des mouvements moins importants qu'un drapeau qui a mis beaucoup plus de temps à se former. C'est la principale différence entre la figure orientale et la figure occidentale.

La Triple formation haussière doit apparaître après une hausse des prix, et est initiée par un chandelier blanc de grande taille, qui est l'équivalent du bâton Western drapeau.

Ensuite, il y a plusieurs chandeliers à petit corps, qui peuvent être de n'importe quelle couleur. Idéalement, théoriquement, le nombre de ces chandeliers à petit corps devrait être de trois (d'où le nom de Triple formation), et ils devraient dessiner un petit mouvement baissier. En pratique, le nombre de chandeliers à petit corps peut être de deux seulement, ou de plus de trois, et le mouvement qu'ils dessinent peut être baissier, mais aussi latéral. Ce groupe de chandeliers à petit corps est l'équivalent du drapeau, à proprement parler.

La Triple formation haussière se termine par un autre grand chandelier blanc, qui est l'équivalent de la rupture du drapeau occidental haussier, dans le sens de la tendance précédente, qui dans ce cas était haussière.

En théorie, les deux bougies blanches à gros corps doivent être de taille similaire et à la même hauteur, mais elles peuvent être de taille légèrement différente, et l'une légèrement au-dessus de l'autre.

Dans ce graphique de Grifols, voici un exemple de Triple formation haussière :

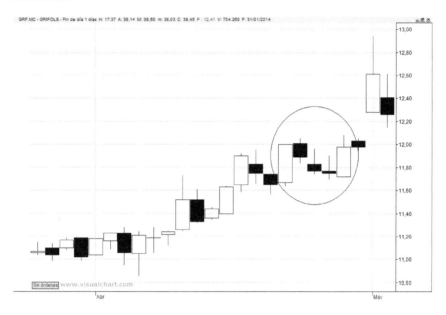

Plus les corps des chandeliers blancs sont grands, plus la Triple formation haussière est fiable.

Plus les chandeliers blancs se rapprochent du maximum, plus la Triple formation haussière est fiable.

Plus le volume des bougies blanches est élevé (surtout dans la deuxième bougie), plus la Triple formation haussière est fiable. Idéalement, le volume des petites bougies formant le drapeau devrait être inférieur au volume des bougies blanches.

Comme nous l'avons déjà vu avec d'autres figures, la Triple formation baissière est la même, mais en sens inverse.

Elle se forme après une chute des prix, et commence par un chandelier noir à gros corps. Elle est suivie d'un groupe de bougies à petit corps (idéalement trois, mais peut aussi être seulement deux, ou plus) qui forment un petit mouvement haussier (ou latéral), et se termine par une autre bougie noire à grand corps. Dans ce graphique mensuel de Alba Financial Corporation, voici un exemple de Triple formation baissière :

Les drapeaux occidentaux sont beaucoup plus importants pour les investisseurs à moyen et long terme que les formations triples.

Sur un graphique journalier, par exemple, le drapeau est le résultat de plusieurs semaines (voire de plusieurs mois) de négociation, alors qu'une Triple formation ne représente que 5 à 7 séances. Une Étoile du matin ou du soir, ne représente que 3 sessions, et elles peuvent être 3 sessions très importantes. Un Marteau est une session unique, et elle peut aussi être très importante. Mais dans le cas d'une figure de continuation, c'est différent, et c'est pourquoi le drapeau est plus important que les formations triples baissières.

Sur un graphique hebdomadaire, la Triple formation sera le résultat d'un peu plus d'un mois, elle est donc un peu plus significative. Et sur un graphique mensuel, la Triple formation correspond à environ une demi-année, ce qui lui donne un peu plus d'importance. Le graphique ci-dessus de la société Alba Financial Corporation en est un bon exemple. Il s'agit d'un graphique mensuel, et les bougies noires ont un corps assez large. La Triple formation baissière apparaît au milieu de la tendance, et derrière elle, il y a beaucoup de baisse.

Une Triple formation sur un graphique journalier peut très bien fonctionner, et conduire à un mouvement majeur. Mais des décisions doivent être prises avant de savoir ce qui va se passer et, en général, les drapeaux sont plus fiables que les formations triples.

Chapitre 5 : En les réunissant tous, comment prendre des décisions d'investissement avec ces outils?

5.1 Comment lier l'analyse fondamentale à l'analyse technique?

Dans ce chapitre, nous allons mettre en ordre tout ce que nous avons vu jusqu'à présent.

Un analyste technique pur ne tient absolument pas compte de l'analyse fondamentale, mais prend ses décisions en se basant sur tout ce que nous avons vu dans les chapitres précédents (Lignes de tendance, Supports, Stochastique, Étoiles du matin, etc.), sans étudier du tout l'activité de la société qu'il analyse, ni ses résultats, ni ses perspectives d'avenir, etc.

Je pense que c'est une approche appropriée pour de nombreuses stratégies d'investissement, comme le trading à court terme, mais **pour les investisseurs à moyen et long terme, je crois que la base devrait toujours être l'analyse fondamentale** (Note : l'analyse fondamentale est expliquée dans mon précédent livre "Comment investir en Bourse à long terme en partant de zéro").

Pour décider d'acheter ou non une entreprise, la **première chose à faire est de l'analyser sur ses fondamentaux, et de voir si elle est bon marché ou non**.

Si l'entreprise nous semble chère, nous n'utilisons pas l'analyse technique. Peu importe si elle vient de faire une très belle Étoile du matin, ou juste sur un support qui coïncide également avec une ligne de tendance haussière, par exemple. Dans une situation technique telle que celle que je viens de décrire, il est correct pour un trader à court terme d'acheter, en plaçant un stop-loss, mais **un investisseur à moyen et long terme ne devrait jamais acheter une société qu'il considère comme fondamentalement chère, quelle que soit la qualité de son apparence technique**.

Ce n'est que dans le cas où la société que nous analysons nous semble bon marché sur une base fondamentale que nous passerons à une analyse technique de cette société, en utilisant tous les outils que nous avons vus jusqu'à présent.

Une fois que nous pensons que l'entreprise est vraiment bon marché, nous devons être un peu plus précis (bien que cette précision soit assez ambiguë). Par exemple, nous devrions établir plusieurs catégories de type (classées du plus cher au moins cher) :

1) Bon marché

2) Très bon marché

3) "Je pensais que ça serait très difficile pour elle de tomber à ce prix, mais c'est le cas".

4) "Je n'aurais jamais pensé que cette entreprise tombe à ce prix".

Cette classification (ou une autre classification similaire que vous trouverez peut-être plus utile) est très importante, car c'est en fonction d'elle que nous achèterons, ou non, lorsque nous verrons certains signaux techniques. Et, si nous achetons, nous le ferons avec une certaine somme d'argent.

Nous avons vu que dans les chandeliers japonais, certaines figures de retournement sont plus importantes que d'autres.

Parmi les figures de retournement les plus importantes figurent le Marteau, l'avalement haussier et baissier, le Nuage noir et la Pénétrante, les Étoiles du matin et du soir, l'Étoile filante, les Trois Montagnes et les Trois Rivières, les Trois corbeaux noirs et les Trois soldats blancs (bien que ces deux derniers soient peu utiles dans la plupart des cas, comme nous l'avons déjà vu), ainsi que les sommets et creux en tour.

Parmi les figures de retournement moins importantes, citons le Pendu, le Marteau inversé, le Harami, les lignes de contre-attaque, ainsi que la Poêle à frire et le Sommet lourdaud.

Si la société nous semble "bon marché", nous ne devons acheter que si les signaux techniques sont très forts. Si, par exemple, seul un Harami haussier apparaît sur un support qui n'est pas très important et que tout le reste (lignes de tendance, canaux, MACD, RSI, etc.) n'aide pas à la fin de la chute, ou semble même prédire d'autres chutes, alors il est probablement plus sage de ne pas acheter et d'attendre de voir si d'autres chutes se produisent.

Si les signaux techniques étaient très haussiers, nous pourrions alors envisager un achat partiel. En d'autres termes, il s'agit de réserver une partie de l'argent au cas où la société continuerait à chuter et deviendrait "très bon marché".

Il faut savoir que le calcul de la juste valeur d'une entreprise sur une base fondamentale est en réalité une tâche impossible pour quiconque. Il existe des formules mathématiques (telles que les flux de trésorerie actualisés) qui donnent un chiffre exact, au centime près. **Mais les données qui entrent dans ces formules sont totalement subjectives**, et l'exactitude des résultats de ces formules n'est donc pas réelle, mais fictive.

Par conséquent, quelle que soit la méthode d'évaluation que nous utilisons, **nous devons garder à l'esprit que notre méthode d'évaluation par les fondamentaux,** qui est celle que nous pensons être meilleure que toutes les autres, **est inexacte, que nous le voulions ou non.**

C'est pourquoi il est utile, prudent et judicieux de consulter l'opinion d'autres investisseurs, pour voir s'ils pensent que l'entreprise est aussi chère que nous le pensons, moins chère ou plus chère. Évidemment, il est impossible de demander à tous les investisseurs ce qu'ils pensent d'une entreprise particulière à l'heure actuelle. De plus, il est très courant que les êtres humains disent une chose et en fassent une autre (en Bourse et dans tout autre domaine de la vie). Demander à tout le monde ne serait donc pas utile non plus, même si c'était possible.

Heureusement, l'analyse technique nous permet de voir rapidement ce que font tous les investisseurs. Pas un par un, mais le résultat des actions de tous. **Le résultat des décisions de tous les investisseurs est le graphique des prix.**

Si une société nous semble bon marché (mais pourrait être très bon marché) et présente des signaux haussiers très clairs sur son graphique, nous devons penser que d'autres investisseurs ont une opinion plus positive de cette société que la nôtre, et nous devons en tenir compte. Cette opinion plus positive (qui, à d'autres occasions, sera moins positive) ne repose pas uniquement sur les fondamentaux de l'entreprise, car de nombreux investisseurs ou traders ne tiennent pas du tout compte de ces fondamentaux lorsqu'ils prennent leurs décisions. Mais, pour quelque raison que ce soit, aux niveaux auxquels la société nous semble "bon marché", nous devons tenir compte de l'opinion de tous les autres investisseurs.

Voyons cela à l'aide d'un exemple, qui, je pense, rendra la question plus claire.

Supposons que Procter & Gamble se négocie à 70 $, et que nous pensons qu'elle est "bon marché" à 60 $.

À 65 $, Procter & Gamble est soutenu par une ligne de tendance haussière à très long terme sur le graphique mensuel. En outre, les MACD, MACDH et RSI sur le graphique mensuel présentent des divergences haussières très claires, il vient de former une importante Étoile du matin, etc. Avec un tel résultat, nous devrions penser que notre objectif d'achat à 60 $ est peut-être trop ambitieux, et que Procter & Gamble pourrait ne pas descendre aussi bas que nous le souhaiterions.

D'un autre côté, il est vrai que le marché (la majorité des investisseurs) se trompe souvent, donc **nous ne devrions pas non plus "passer outre" notre propre opinion.**

En gardant tout cela à l'esprit, il serait probablement judicieux de procéder à un achat partiel de Procter & Gamble à 65 dollars. Au lieu d'acheter avec tout l'argent prévu, nous pourrions acheter avec la moitié, le tiers, le quart, etc., en fonction de la somme d'argent dont nous disposons à ce moment-là et des commissions prélevées par le courtier pour chaque transaction d'achat.

Les situations qui peuvent se présenter sont presque infinies. Examinons quelques exemples, afin de mieux comprendre comment ces décisions doivent être prises.

Philippe possède déjà un bon portefeuille d'actions, dont Procter & Gamble, qui représente déjà 8 % de son portefeuille.

Rachel a un portefeuille d'actions similaire à celui de Philippe, mais ne possède pas d'actions Procter & Gamble.

Mariano a un petit portefeuille d'actions, et ne possède pas d'actions Procter & Gamble.

Patricia possède également un petit portefeuille d'actions, dont Procter & Gamble, qui ne pèse que 2 %.

Je pense que Philippe ne devrait pas acheter d'actions Procter & Gamble à 65 $, car il a déjà suffisamment d'actions Procter & Gamble dans son portefeuille. Il pourrait en acheter d'autres à un très bon prix, mais à un prix "juste bon", il serait sage de ne pas en acheter plus. Si effectivement la chute s'arrête à $65, Philippe a déjà beaucoup d'actions Procter & Gamble, et profitera de la hausse du cours de l'action à partir de $65. Ce n'est pas un problème de ne pas avoir ajouté d'autres actions à 65 $. Il utilisera les liquidités dont il dispose pour acheter des actions d'autres sociétés à une date ultérieure, et ainsi réduire quelque peu le poids de Procter & Gamble (en achetant des actions d'autres sociétés tout aussi bonnes, et à de meilleurs prix que les 65 $ actuels de Procter & Gamble).

Rachel devrait acheter quelque chose. Pas grand chose, mais ce serait bien qu'elle fasse un petit achat de Procter & Gamble. Si la chute s'arrête à 65 $, Rachel aura acheté une bonne entreprise à un niveau bas. Il ne s'agira pas d'un achat important, mais d'un achat de "qualité", puisque nous avons acheté à un prix bas. Si Procter & Gamble tombe de 65 dollars, Rachel achètera d'autres actions, à des prix encore plus avantageux.

Mariano et Patricia doivent y réfléchir un peu plus, car ils n'ont généralement pas autant de liquidités et de revenus que Philippe et Rachel.

Si vous disposez d'un montant relativement faible à investir à ce moment-là, et que vous suivez également d'autres sociétés qui vous semblent bonnes et qui sont à un prix similaire à celui de Procter & Gamble, mais que d'après leur aspect technique, il semble plus probable qu'elles tombent à un "très bon" prix, alors je pense que vous devriez attendre et ne pas acheter Procter & Gamble à 65 $. Attendez de voir si Procter & Gamble, ou l'une de ces autres sociétés que vous suivez, brisent leurs supports actuels, et ainsi vous pouvez les acheter à un "très bon" prix.

Si Mariano et Patricia ne voient pas d'autres entreprises susceptibles de tomber à des "très bons" prix, alors Mariano pourrait probablement acheter une partie de Procter & Gamble, en économisant un peu d'argent au cas où elle baisserait encore, si la somme d'argent dont il dispose à ce moment-là lui permet de le faire. Dans le cas de Patricia, je pense qu'il est tout aussi juste pour elle de faire un petit achat de Procter & Gamble que de ne pas le faire. Si elle doit manquer d'argent pour faire cet achat, il vaut peut-être mieux ne pas acheter et attendre de nouvelles opportunités. Si elle achète et que Procter & Gamble tombe en dessous de 65 $, elle pensera qu'elle a fait une erreur. Et si elle n'achète pas et que l'action ne descend pas en dessous de 65 dollars, elle pensera aussi qu'elle avait tort. Mais les décisions doivent être prises avant de connaître l'avenir, et en fonction de notre situation particulière et en appliquant la prudence et le bon sens, les deux alternatives me semblent valables.

Supposons maintenant que c'est à 60 $ que Procter & Gamble émet des signaux techniques très clairs d'une figure de retournement haussier. Dans ce cas, tout le monde pourrait faire un achat partiel de Procter & Gamble, sans manquer de liquidités. Rappelons que ces quatre investisseurs pensent que le prix de 60 dollars est "bon marché", mais pas "très bon marché". C'est pourquoi ils doivent conserver des liquidités au cas où le prix deviendrait "très bon marché". Si l'un d'entre eux venait à manquer de liquidités, la décision serait compliquée. Il ne serait pas fou d'acheter dans ces conditions, mais je pense que ce ne serait pas aussi clair que dans les exemples précédents. Cela dépendrait de leur perception de la situation globale, du temps qu'il leur faudrait pour réunir les liquidités nécessaires à un nouvel achat, etc.

Supposons maintenant que Procter & Gamble tombe à 50 dollars, ce qui est le prix "je pensais qu'il serait très difficile pour elle de tomber à ce prix, mais elle l'a fait". Dans ce cas, je pense que tout le monde devrait acheter (même s'il n'a plus de liquidités) dès qu'il y a un signe de retournement haussier, même s'il n'est pas très fort. Dans cette zone de prix fondamentaux si bon marché, je pense que l'analyse technique devrait perdre de son importance.

Une question très importante est que, bien souvent, les prix se retournent sans faire de figure de retournement, tant au niveau des minimums que des maximums. En examinant les modèles de renversement, nous n'avons pas vu cette "non-figure", car elle peut avoir n'importe quelle forme, et elle n'est pas reconnue, car elle ne suit aucun modèle.

Dans ce cas, le plus grand danger est de ne pas acheter. Nous pouvons, et devons, examiner l'analyse technique pour optimiser l'achat autant que possible. Mais **ce qu'il ne faut pas faire, c'est laisser le prix monter sans avoir acheté**, car nous attendons un signal technique très clair qui ne se produit pas. Nous pouvons, si nous le voulons, essayer d'acheter à 49 $ ou 48 $ au lieu de 50 $. Mais ce qu'il ne faut pas faire (à mon avis), c'est laisser le prix dépasser 52 $ (en fait, toute résistance que nous voyons dans cette zone, ce pourrait être juste 52 $, 51,45 $, 52,25 $, etc) sans avoir acheté.

Nous pourrions définir une règle du type "Tant que Procter & Gamble ne dépasse pas 51,75 $ (la résistance que nous supposons avoir rencontrée dans ce cas), j'attendrai de voir si elle effectue un retournement en dessous, mais si elle dépasse 51,75 $, j'achèterai, même si elle n'a pas effectué de retournement". Bien sûr, il pourrait arriver que nous achetions à 51,75 $ et que le prix tombe à 48 $. Il ne s'agit pas de toucher les points bas et de faire des achats parfaits, mais de faire de bons achats. Et dans ce cas, nous parlons de "Je pensais qu'il était très difficile de tomber à ces prix (50 $), mais elle l'a fait", donc acheter à ce moment est un grand succès, même si ce n'est pas tout à fait au niveau des bas.

Enfin, il y a le cas du "je n'aurais jamais pensé que cette société tomberait à ce prix". C'est l'achat le plus clair, pour tous les investisseurs. Le problème est qu'avant d'en arriver à "Je n'aurais jamais pensé que cette entreprise tombe à ce prix", nous sommes passés par "Je pensais qu'il serait très difficile pour elle de tomber à ce prix, mais elle l'a fait", et **la plupart des investisseurs auront déjà investi leur argent dans** cette phase "Je pensais qu'il serait très difficile pour elle de tomber à ce prix, mais elle l'a fait".

Ainsi, le problème dans "Je n'aurais jamais pensé que cette entreprise tombe à ce prix" n'est pas de décider d'acheter ou non, car il est clair que vous devez acheter, dans tous les cas. **Le problème ici est d'avoir l'argent pour acheter.**

Vous pourriez penser que la meilleure chose à faire est de conserver tout votre argent jusqu'à ce que les prix atteignent le niveau "Je n'aurais jamais pensé que cette société tombe à ce prix". Le problème est que cela se produit très rarement. De nombreuses années peuvent s'écouler sans que cela ne se produise. **C'est pourquoi il n'est pas rentable d'acheter uniquement à ces "très bons" prix**, car nous risquons de ne pas acheter pendant de nombreuses années, et pendant toutes ces années, nous aurons dû être en revenu fixe, avec le risque que cela comporte pour notre pouvoir d'achat, **en raison de l'inflation et du coût d'opportunité.**

Considérons, en outre, que ce classement est effectué sur la base de la valeur des entreprises. Supposons qu'à l'heure actuelle, le cours "Je n'aurais jamais pensé que cette société tombe à ce prix" pour Procter & Gamble est de 40 dollars. Il y a 15 ans, ce prix "je n'aurais jamais pensé que cette entreprise tombe à ce prix" aurait pu être de 5 $.

Mais au cours de ces 15 années, Procter & Gamble n'avait jamais atteint le niveau du "je n'aurais jamais pensé que cette société tombe à ce prix". Un investisseur qui aurait acheté il y a 15 ans à 10 dollars, ce qui était le prix "très bon" pour l'époque, aurait gagné beaucoup plus d'argent qu'un investisseur qui aurait attendu 15 ans dans des titres à revenu fixe qu'une occasion "je n'aurais jamais pensé que cette société tombe à ce prix" se présente.

Celui qui a acheté à 10 $ a multiplié son argent par 4. Celui qui a attendu dans les revenus fixes a multiplié son argent par 2 (par exemple). Ainsi, celui qui a acheté à des prix "très bons" a fait mieux que celui qui a attendu à des prix "je n'ai jamais pensé que cette société tombe à ce prix", ce qui n'est jamais arrivé pendant ces 15 ans.

Quoi qu'il en soit, dans ces situations de "je n'aurais jamais pensé que cette société tombe à ce prix", il faut utiliser tout l'argent disponible pour le marché boursier à ce moment-là, à moins que les circonstances particulières d'un investisseur ne lui conseillent de faire autrement.

La stratégie est la même que ci-dessus. **Le plus important est de ne pas laisser les prix dépasser un certain seuil sans acheter.**

C'est ce que les traders à court terme appellent "attraper un couteau qui tombe". Dans le trading à court terme, il est toujours recommandé de "ne pas attraper les couteaux qui tombent, car il y a beaucoup de risques de se couper", et je pense que c'est un conseil très judicieux pour les traders à court terme.

Mais les sociétés de qualité (telles que Procter & Gamble, et bien d'autres) ne sont pas des "couteaux" pour les investisseurs à moyen et long terme, mais des "boîtes de chocolats", et **lorsqu'elles chutent fortement, il faut s'en emparer, et ne pas les laisser remonter sans les avoir achetées**. Tant que nous avons de la liquidité dans ces moments, qui sont généralement brefs.

Pour en revenir au processus de prise de décision avec l'analyse technique, une chose que **nous devons toujours rechercher, ce sont les signaux coïncidents**. Plus il y en a, mieux c'est. Mais il n'y a pas de nombre "magique", et un seul signal peut suffire. Le terme "signaux coïncidents" signifie, par exemple, qu'au même point une ligne de tendance à long terme, avec un support important, et la moyenne 200 coïncident, et qu'il y a également une figure de retournement haussière dans les chandeliers japonais, et des divergences haussières dans certains indicateurs techniques. Comme je le disais, un seul de ces signaux peut suffire à arrêter la chute, mais plus il y a de signaux au même endroit, plus la probabilité d'y parvenir est grande.

5.2 Le tableau mensuel

Pour entrer dans les détails de l'analyse technique, je pense qu'il faut **commencer par regarder le graphique mensuel**.

La première chose que je regarderais est la position MACD mensuelle. Comme nous l'avons déjà vu, si elle est supérieure à 0, il faut être prudent. Et si elle est inférieure à 0, il est dans la bonne zone pour acheter. Plus elle est en dessous de 0, meilleur est l'achat.

Cependant, comme nous l'avons déjà mentionné, lorsque l'on achète avec un MACD inférieur à 0, il est assez fréquent d'acheter et de voir les prix chuter en dessous de notre prix d'achat. Il s'agit d'acheter bon marché à long terme, et c'est dans ce domaine que "**nous plantons les graines qui, dans quelques années, deviendront des arbres qui nous permettront de vivre de leurs fruits**". Il faut du temps pour que les graines deviennent des arbres, mais cela **vaut la peine d'être patient et de leur laisser le temps de pousser**.

Lorsque l'on achète avec le MACD au-dessus de 0 (et en hausse), la chose la plus courante à faire est d'acheter et que les prix dépassent notre prix d'achat après un court laps de temps. C'est très bien à court terme, mais nous devons être prudents car nous pourrions acheter cher à long terme.

Le pire moment pour acheter, d'un point de vue MACD, est lorsque le MACD mensuel est largement supérieur à 0 et en baisse. Bien qu'il ne soit pas certain que dans ces circonstances, le marché boursier va chuter brutalement. Parce que si c'était certain, il serait très facile de gagner de l'argent. Il suffirait d'ouvrir des positions baissières (vendre des contrats à terme, acheter des options de vente, etc.) pour acheter à la baisse et obtenir un profit important.

Le meilleur moment pour acheter est lorsque le MACD est bien en dessous de 0. Idéalement, il est censé être en dessous de 0 et en hausse, mais parfois les meilleurs prix sont ceux où il est encore en baisse.

Le principal problème pour acheter aux meilleurs moments, dans le cas des investisseurs à moyen et long terme, est la **panique**. Augmenté par le fait que l'atmosphère générale dans les médias encourage fortement à ne pas acheter, et même à vendre.

Lorsqu'il est au-dessus de 0 et en hausse, les prix ne seront probablement pas aussi bons que lorsqu'il était au plus bas en dessous de 0, mais cela peut aussi être une bonne zone d'achat. Dans ce graphique, le marché boursier espagnol vivait encore la crise qui a débuté en 2007, et le MACD était inférieur à 0 :

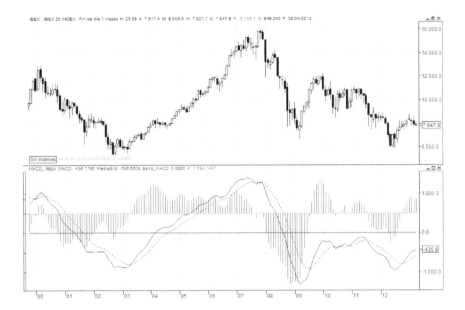

Au fil du temps, il est apparu que ces niveaux constituaient un bon niveau d'achat. En profitant de ce graphique, nous voyons une divergence haussière très claire dans le MACD et le MACDH mensuels, aux deux points bas de cette crise.

Il faut ensuite examiner ce que nous venons de voir : les éventuelles divergences des indicateurs avec les prix.

Les principales lignes directrices haussières ou baissières sur le graphique, ainsi que les supports et résistances les plus importants sont également très importants.

Et aussi la moyenne de 200, qui est très importante dans tous les graphiques, et plus encore dans le graphique mensuel.

Enfin, il faut regarder si le prix fait une figure graphique de l'analyse technique occidentale, ou des chandeliers japonais.

Voici le même graphique de l'Ibex 35, avec plus d'informations :

Au plus fort de la panique de l'été 2012, lorsque l'Ibex 35 est tombé à 6 000 points, il a cassé une ligne de tendance ascendante à très long terme (la ligne ascendante en bas du graphique), qui a débuté en 1992.

La figure de retournement à 6 000 points sur l'Ibex 35 était une ligne de tendance d'avalement haussière suivie d'un Marteau. Quelques mois plus tard, elle est repassée au-dessus de cette ligne de tendance haussière, et s'est heurtée à la ligne directrice baissière qui a débuté fin 2007 (début de la crise). Elle se trouvait donc à ce moment-là à un carrefour très important, entre deux lignes de tendance importantes (l'une haussière et l'autre baissière).

La moyenne sur 200 mois est juste au-dessus du prix, agissant comme une résistance pour le moment. La moyenne la plus proche des cotations est la moyenne sur 26 mois, qui est également utile comme support et résistance (mais pas autant que la moyenne sur 200 mois) et comme indicateur d'un éventuel changement de tendance (rupture à la hausse ou à la baisse).

Dans la chute vers 6 000, le MACD, le MACDH et le RSI ont formé des divergences haussières très claires.

Le RSI a déjà cassé sa ligne de tendance à la baisse qui a débuté en 2007 avec le début de la crise, ce qui est souvent un signe que l'Ibex 35 va très probablement casser sa ligne de tendance à la hausse dans les prochains mois.

Sur le plan technique, il semble que l'Ibex 35 pourrait être sur le point de mettre fin à la tendance baissière qui a débuté en 2007, bien qu'il soit encore trop tôt pour dire si, si c'est effectivement le cas, la prochaine tendance sera probablement à la hausse ou latérale.

Enfin, l'Ibex a atteint près de 12 000 points en avril 2015.

Si vous préférez examiner d'autres indicateurs, ou des indicateurs différents, vous pouvez le faire. Ce sont ceux que j'utilise habituellement. Mais si vous obtenez de meilleurs résultats avec des indicateurs différents, faites-le.

5.3 Le graphique hebdomadaire

Nous examinons le graphique hebdomadaire lorsque nous avons décidé sur le graphique mensuel que nous sommes dans une zone d'achat possible.

Regarder le graphique hebdomadaire revient à zoomer pour voir les choses plus en détail. Cela nous aide à essayer de repérer plus tôt les points d'inflexion.

Dans le graphique hebdomadaire, j'utilise les mêmes indicateurs (MACD, MACDH et RSI) que dans le graphique mensuel. Les mêmes éléments sont examinés que pour le mensuel : lignes de tendance, supports, résistances, figures de chandeliers occidentaux et japonais, etc.

La moyenne hebdomadaire de 200 est également très importante comme support et résistance.

L'idée de base est la suivante : sur le graphique mensuel, nous avons déjà vu que le moment est peut-être propice à l'achat, notre objectif est donc maintenant d'essayer de repérer le point de retournement des prix le plus tôt possible.

En ce qui concerne le graphique mensuel, nous avons vu que lors de la chute à 6 000 points, l'Ibex 35 a réalisé un avalement haussier au cours des mois de mai et juin. Par conséquent, cet avalement haussier a été formé dans les derniers jours de juin, le 29 juin 2012.

Regardez le graphique hebdomadaire :

Dans ce cas, nous voyons déjà le 8 juin que sur le graphique hebdomadaire, une Pénétrante s'est formée, presque un avalement haussier, avec une divergence haussière dans le MACD et le MACDH hebdomadaires (Note : Si vous ne voyez pas les détails que je commente sur ce graphique avec suffisamment de précision, ouvrez le graphique Ibex 35 dans Visual Chart (www.visualchart) ou un autre programme graphique et faites un zoom avant et arrière pour le voir clairement).

Le 29 juin, jour de la fin de l'avalement haussier sur le graphique mensuel, l'Ibex 35 ferme à 7 100 points.

Le 8 juin, jour de la fin de la formation de la Pénétrante haussière sur le graphique hebdomadaire, l'Ibex 35 ferme à 6550 points.

C'est ce que nous recherchons lorsque nous regardons le graphique hebdomadaire : essayer de prendre un peu d'avance (pour acheter quelque chose de moins cher) sur les signaux du graphique mensuel.

Cela ne fonctionne pas toujours, car il arrive que le graphique hebdomadaire semble atteindre un minimum et qu'à la fin du mois, les choses aient changé, alors que le graphique mensuel ne montre toujours aucun signe d'avoir atteint ce minimum.

La préférence va donc au graphique mensuel, bien que le graphique hebdomadaire doive également être analysé. Parfois, les creux, et d'autres signaux en général, sont plus clairs sur les graphiques hebdomadaires que sur les graphiques mensuels.

5.4 Le graphique quotidien

Dans le graphique quotidien, nous pouvons voir des choses qui ne sont pas visibles dans les graphiques mensuels ou hebdomadaires. Comme par exemple les gaps, qui sont parfois des figures très pertinentes, et qui apparaissent rarement dans les graphiques mensuels et hebdomadaires, car elles sont beaucoup plus fréquentes dans les graphiques quotidiens.

Un autre élément important que nous pouvons voir sur le graphique quotidien est l'indicateur Accumulation/Distribution. Cet indicateur peut également être placé sur les graphiques hebdomadaires et mensuels, bien que les divergences soient souvent observées en premier lieu sur le graphique quotidien.

Rappelons que cet indicateur ne dispose pas de niveaux de survente et de surachat, seules les divergences (haussières ou baissières, selon le cas) comptent.

Si nous avons décidé d'acheter une entreprise et que nous voyons que cet indicateur présente une divergence baissière importante, nous devons être prudents et être sûrs des mesures que nous avons prises pour prendre la décision d'acheter. Si, après avoir revu l'analyse, nous pensons toujours que nous devons acheter, il serait prudent de le faire en plus petites quantités, en étalant les achats dans le temps.

Les divergences haussières de l'indicateur Accumulateur/Distribution sont des signaux d'achat importants.

Le graphique quotidien est un bon endroit pour utiliser les stochastiques. Et aussi MACD, MACDH et RSI, bien que sur le graphique journalier MACD et MACDH donnent beaucoup de faux signaux. Je trouve cet indicateur, MACD et MACDH, beaucoup plus utile sur le graphique mensuel et hebdomadaire que sur le graphique quotidien.

Le graphique quotidien est utilisé pour déterminer le point exact où placer l'ordre d'achat ou de vente. À ce stade, tant l'analyse fondamentale que les graphiques mensuels et hebdomadaires nous indiquent ce qu'il faut acheter (ou vendre). Sur le graphique journalier, la décision à prendre est de savoir si l'ordre d'achat est placé à 10,07 £ ou à 9,91 £, par exemple, en fonction de tout ce que nous avons vu tout au long du livre.

Notez également que de nombreuses figures de retournement seront visibles sur le graphique quotidien, mais pas sur le graphique hebdomadaire ou mensuel. Il est possible qu'une baisse se termine par une ETE, une Étoile du matin ou toute autre figure de retournement visible sur le graphique quotidien, mais pas sur les graphiques hebdomadaires ou mensuels.

Chapitre 6 : Questions générales sur l'analyse technique et les chandeliers

6.1 Ils pourraient être une "grande tromperie", mais ils ne sont pas moins utiles

Selon certaines personnes, l'analyse technique pourrait être une "grande tromperie".

En d'autres termes, tout ce que nous avons vu dans ce livre, ou dans d'autres livres similaires, pourrait ne pas être la "découverte" des modèles de comportement humain que j'ai expliqués tout au long du livre par les personnes qui ont créé toutes ces techniques, mais une "invention" de ces personnes, qui "ait l'air bien", mais qui n'a pas de base réelle.

Par exemple, quelqu'un aurait pu penser :

"Je vais inventer que lorsque j'ai une grande bougie noire, puis une petite bougie et enfin une grande bougie blanche, cela signifie que les prix vont arrêter de baisser, et je vais appeler ça l'Étoile du matin, parce que j'en ai envie".

De plus, on aurait inventé un raisonnement (comme nous l'avons vu dans la discussion de cette figure) selon lequel, lorsque cette figure apparaît, les prix devraient cesser de baisser, de sorte que le modèle de comportement humain (supposé) derrière cette figure "ait l'air bien" et serait crédible.

En réalité, cela pourrait bien être le cas. J'ai expliqué le raisonnement de toutes les figures dont j'ai parlé dans le livre, en m'appuyant sur ma connaissance du sujet, mon expérience, mon suivi de la psychologie de certains investisseurs, tant personnellement que par le biais de journaux, de stations de radio, de forums, de sites web, etc. Mais cette connaissance du comportement des autres investisseurs est, nécessairement, quelque peu limitée. Parce que je n'ai pas parlé personnellement à tous les investisseurs, je ne les ai pas étudiés en détail, etc.

Je pourrais être influencé par tout ce que j'ai lu et entendu toute ma vie sur l'analyse technique et les chandeliers, et je pourrais me baser non pas sur le comportement humain réel, mais sur l'"invention" de quelqu'un qui a inventé tout cela il y a longtemps, ce qui m'aurait considérablement influencé, me faisant croire des choses vraies qui ne le sont pas.

Le fait est que, dans la **pratique, cette question n'a que peu d'importance**, car ces outils existent depuis plusieurs décennies (siècles, dans le cas des chandeliers japonais). Le fait est que plus les gens les utilisent, une tendance qui s'accentue avec le temps et la popularisation de l'internet, plus ils fonctionnent bien.

Par exemple, plus les gens suivent l'analyse technique et voient (ou croient) qu'Unilever a un support à 15,75 £, plus les gens achèteront lorsque les prix tomberont dans cette zone, et plus ce support sera fort (bien que le concept de "support" soit une invention de quelqu'un, il y a longtemps). Il en va de même pour tous les autres modèles d'analyse technique et de chandeliers.

Lorsque ces outils ont commencé à être utilisés, ceux qui se demandaient s'il fallait les utiliser ou non auraient dû s'interroger avec beaucoup d'intérêt, car au début, très peu de gens les connaissaient et les suivaient. Mais aujourd'hui, qu'il s'agisse d'un mensonge ou non, le fait est qu'elles fonctionnent (relativement parlant, comme nous l'avons vu), et que de plus en plus de personnes les suivent. Et cela signifie que de plus en plus de personnes agissent comme on l'attend d'elles, sans se soucier de savoir si tout cela n'était qu'un mensonge à l'origine.

Par conséquent, nous ne pouvons pas savoir (du moins je ne le sais pas) si l'origine de tout ceci était un mensonge conçu par une ou quelques personnes. Mais nous savons que, même si c'était le cas, cela n'enlèverait plus rien à l'utilité de ces outils, étant donné le nombre énorme et croissant de leurs adeptes.

6.2 Dois-je savoir comment prévoir chaque graphique que j'analyse ?

Non, il n'est pas nécessaire de savoir (ou d'avoir une opinion fondée) ce que le cours des actions de toutes les entreprises fera chaque jour.

Dans certaines situations, nous pensons qu'il est tout à fait probable que les prix augmentent dans un avenir proche. À d'autres moments, notre opinion est que les prix vont baisser ou rester latéraux. Mais il y aura aussi de nombreux autres cas où nous ne voyons pas clairement le graphique et où nous ne pouvons pas dire avec un minimum de certitude ce que les prix sont susceptibles de faire à l'avenir. Ne vous en faites pas, c'est normal.

Toutes les situations ne sont pas suffisamment claires pour que l'on puisse se faire une opinion à leur sujet.

Le but est d'investir (acheter ou vendre) uniquement dans les cas où la situation est la plus claire. Même dans ce cas, il y aura des moments où nous aurons tort, bien sûr. Mais **si nous n'agissons que dans les situations qui nous paraissent les plus claires, nous améliorerons sensiblement nos résultats**, ce qui est le but recherché.

Et dans les cas où nous sommes incapables de nous faire une opinion, nous devons simplement attendre que les événements se déroulent jusqu'à un point où nous voyons la situation suffisamment clairement pour agir.

6.3 Faut-il utiliser des graphiques avec ou sans actualisation des dividendes ?

Les deux options me semblent valables. Les deux ont leurs avantages et leurs inconvénients, et je pense que les deux sont valables.

J'utilise régulièrement des graphiques qui ne tiennent pas compte des dividendes, et la raison pour laquelle je le fais est pour les **gaps**.

Voici un graphique de Deutsche Telekom dans lequel les dividendes n'ont pas été actualisés :

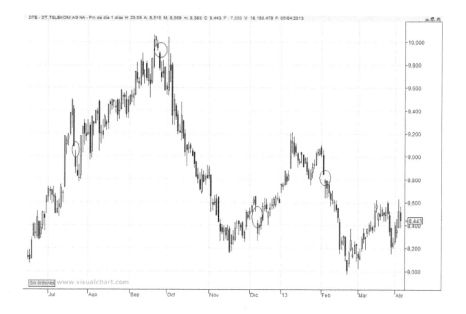

Nous constatons qu'il y a plusieurs gaps baissiers. Ils peuvent être dus à des paiements de dividendes ou à de "vrais" gaps.

En regardant simplement le tableau, nous ne serions pas en mesure de distinguer l'un de l'autre. Il faudrait regarder les dates de paiement des dividendes versés dans le passé par Deutsche Telekom, et marquer chaque gap en fonction de son type. Outre les dates, il faut aussi regarder les montants des dividendes, car le jour du paiement d'un dividende, il peut aussi y avoir un "vrai" gap. Si le dividende est de 0,20 euro et que le gap est de 0,45 euro, il y a un gap "réel" le jour du paiement du dividende, bien qu'un peu plus petit que ce que montre le graphique qui ne tient pas compte des dividendes.

Pour cette raison, je pense qu'il est plus pratique d'utiliser des graphiques actualisés en fonction des dividendes, mais si quelqu'un le préfère, je pense qu'il est possible d'utiliser des graphiques non actualisés en fonction des dividendes. On peut même consulter les deux graphiques à la fois, soit régulièrement, soit lors de certaines occasions spéciales.

6.4 Que sont les graphiques logarithmiques, et quelle est leur utilité ?

Dans les graphiques "normaux" (tous ceux que nous avons vus dans ce livre, et la grande majorité de ceux que vous verrez dans d'autres livres, sites web, etc.), il y a la même distance entre 5 et 10 dollars, par exemple, qu'entre 40 et 45 dollars.

Les graphiques logarithmiques donnent un espace égal aux mêmes pourcentages de mouvement de prix. Par exemple, sur un graphique logarithmique, il y a la même distance entre 10 et 20 $ qu'entre 100 et 200 $. Dans un graphique "normal", comme nous l'avons vu dans le paragraphe précédent, il y a beaucoup plus de distance entre 100 et 200 dollars qu'entre 10 et 20 dollars.

En fait, ce que les graphiques logarithmiques nous montrent, c'est le pourcentage de gain ou de perte pour chaque investisseur à un moment donné.

C'est donc un **concept qui a du sens**. Les graphiques normaux sont beaucoup plus couramment utilisés, mais si les graphiques logarithmiques fonctionnent mieux pour vous, utilisez-les. Je ne pense pas qu'un type soit clairement meilleur que l'autre. Parfois, le graphique normal fonctionne mieux et parfois c'est le graphique logarithmique, mais vous ne pouvez pas savoir à l'avance lequel des deux fonctionnera le mieux dans la situation que vous observez en ce moment.

Voilà un graphique normal de Mapfre de presque 20 ans :

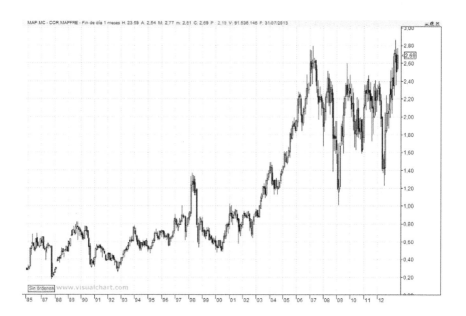

Et voici le même graphique, mais logarithmique :

Comme vous pouvez le constater, ils sont un peu différents (légèrement différents). Plus l'horizon temporel représenté est court (et donc généralement plus le mouvement du prix est faible), plus les graphiques normaux sont similaires aux graphiques logarithmiques.

6.5 Que sont la chute libre et l'ascension libre ?

Ce sont deux termes qui ne sont pas toujours utilisés correctement.

Un prix entre dans une ascension libre lorsqu'il franchit à la hausse ses sommets historiques et, par conséquent, n'a pas de Résistance, car il n'a jamais été négocié au-dessus de ses niveaux actuels. Cela ne signifie pas qu'il continuera à augmenter indéfiniment, ni même qu'il augmentera beaucoup ou pendant longtemps. Ce que cela signifie, c'est qu'il n'a jamais été dans la zone actuelle, ni au-dessus, et que par conséquent les résistances ne peuvent pas être établies au-dessus du prix actuel.

Dans ce graphique, voici deux hausses libres d'Inditex, marquées par deux ombres :

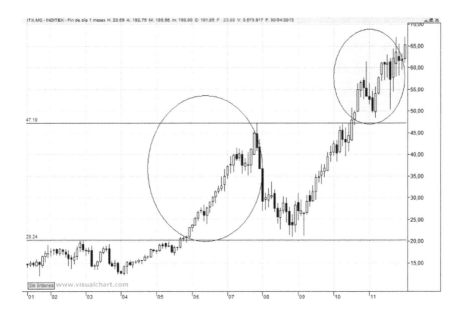

Après la première ascension libre (ombre de gauche), il effectue un Pullback jusqu'à la zone du précédent maximum historique cassé (20.24 euros), pour ensuite reprendre l'ascension, ce qui le fait entrer dans une nouvelle ascension libre (ombre de droite).

La chute libre est la situation inverse. Cela **se produit lorsqu'une société chute et casse ses plus bas historiques**, sans aucun support en dessous. Dans ce graphique de Meliá Hotels, voici un exemple de chute libre :

Analyse technique et chandeliers japonais pour les investisseurs à moyen et long terme

Meliá Hotels a fait son entrée en Bourse en 1996 (partie gauche du graphique), et en 2002, il a cassé ses plus bas historiques, tombant dans une zone où il n'avait jamais été auparavant, et n'avait donc aucun support en dessous. **Être en chute libre ne signifie pas que l'entreprise va "disparaître"**, comme on peut le voir sur ce graphique, cela signifie seulement qu'elle n'a pas de support.

Les termes "ascension libre relative" et "chute libre relative" sont parfois utilisés.

Une société est en libre ascension relative lorsqu'elle a franchi certains sommets qu'elle avait atteints il y a assez longtemps (années). Mais ces sommets ne sont pas ses sommets historiques et, par conséquent, il a de la résistance au-dessus d'eux, même s'ils sont très éloignés dans le temps.

Et une entreprise est en chute libre relative lorsqu'elle a franchi des seuils qu'elle avait fixés il y a longtemps (des années). Mais ces points bas ne sont pas ses points bas historiques et, par conséquent, elle a des supports, même s'ils sont très éloignés dans le temps.

6.6 L'analyse technique fonctionne-t-elle pour n'importe quelle période de temps ?

En principe, oui, on dit que l'analyse technique et les chandeliers japonais sont fractals. Car les mêmes figures qui apparaissent sur un graphique mensuel apparaissent et se comportent de la même manière sur un graphique hebdomadaire, quotidien, d'une heure, de 20 minutes, d'une minute, etc.

En théorie, les mêmes techniques peuvent être appliquées à n'importe quel graphique, quelle que soit l'échelle de temps.

Ce qui se passe, c'est que l'analyse fondamentale n'est pas fractale. Par exemple, lorsque nous avons parlé du Marteau, nous avons vu le comportement de différents investisseurs à moyen et long terme face aux mouvements de Gas Natural Fenosa. Ces comportements (des investisseurs à moyen et long terme) sont enregistrés sur des graphiques journaliers ou supérieurs, mais pas sur des graphiques intrajournaliers. Parce que l'investisseur "normal" ne passe pas toute la journée devant son écran à regarder des graphiques de 5 minutes. Pour les investisseurs normaux, l'"unité minimale" est la session.

Un autre exemple est le parallélisme que nous avons observé entre les cycles de l'économie réelle et le MACD mensuel. Bien entendu, le MACD sur les graphiques de 5 minutes n'a pas cette relation avec l'évolution de l'économie réelle.

C'est pourquoi je pense qu'il existe, ou peut exister, de **petites différences entre une période et une autre**.

Mais **fondamentalement, oui, l'analyse technique et les chandeliers fonctionnent pour n'importe quel horizon temporel** : graphiques mensuels, annuels, quotidiens, à très court terme, etc. Les figures sont les mêmes, et leurs performances attendues sont les mêmes.

6.7 L'analyse technique fonctionne-t-elle pour n'importe quelle entreprise, indice, matière première, etc.

La réponse à cette question est oui. Il n'y a pas une analyse technique pour les entreprises, une autre pour les indices boursiers, une autre pour les devises, une autre pour les matières premières, etc.

Il n'y a qu'une seule analyse technique, et un seul chandelier, et ils sont valables pour tout type d'actif. Dans tous les cas, les mêmes figures sont utilisées, et le comportement attendu de tous est le même.

6.8 La fiabilité de chaque figure ou indicateur est-elle la même pour toutes les entreprises ou tous les actifs ?

Très probablement, non.

Pour répondre à cette question avec certitude, il faudrait une analyse très approfondie, que je n'ai pas faite personnellement et que je n'ai trouvée nulle part.

Mais, logiquement, il semble hautement improbable que la fiabilité de l'Étoile filante soit exactement de 72,34 %, par exemple, dans toutes les sociétés cotées sur toutes les Bourses mondiales, et dans toutes les devises, toutes les matières premières, etc. Il semble très probable que le pourcentage de réussite de l'Étoile filante, ou de toute autre figure d'analyse technique, soit plus élevé pour certains actifs que pour d'autres.

Il semble même très probable que pour un même actif, cette fiabilité varie dans le temps. Si nous devions calculer les retracements de Fibonacci d'Orange, par exemple, sur toutes les années civiles, je serais très surpris que le taux de réussite soit exactement le même sur toutes les années où Orange a été cotée.

Cela vaut-il la peine de faire des recherches approfondies pour améliorer nos performances ?

Cela peut être intéressant pour un trader professionnel à court terme travaillant 12 ou 14 heures par jour, mais pour un investisseur normal à moyen ou long terme, je ne pense pas que cela vaille la peine de consacrer tout ce temps à une telle analyse.

Car, en outre, comme nous l'avons vu, la fiabilité de chaque figure de chaque entreprise varie (ou peut très probablement varier) dans le temps. Ces statistiques devraient donc être constamment mises à jour et recalculées. Je ne pense pas que tout cela soit compatible avec la vie et le travail de l'investisseur moyen, et même si cela l'était, je ne pense pas que cela améliorerait considérablement ses résultats.

Si, grâce à l'expérience accumulée, vous vous souvenez que, dans une entreprise donnée, la fiabilité d'une figure en particulier est bien supérieure à la moyenne, alors utilisez ce savoir. Mais je ne pense pas que cela vaille la peine pour l'investisseur moyen de passer sa vie à faire ce genre de statistiques.

6.9 L'analyse technique est-elle infaillible ?

Non, bien sûr, elle ne l'est pas.

Mais alors, il **n'y a pas de discussion sérieuse à ce sujet**. Oui, il y a des gens qui critiquent parfois l'analyse technique (et les chandeliers japonais, et autres outils similaires) en l'accusant de ne pas être infaillible. Mais **aucune personne qui utilise ou a utilisé régulièrement l'analyse technique ne la considère comme infaillible**.

Les traders à court terme qui utilisent exclusivement ces outils pour prendre leurs décisions utilisent toujours des stop-loss. C'est-à-dire qu'en même temps qu'ils prennent certaines décisions parce qu'ils pensent qu'un actif va monter ou descendre, ils établissent également ce qu'ils feront si leur prévision échoue. Par conséquent, ils sont toujours conscients que ces outils peuvent échouer, et je ne pense pas que quiconque ait jamais entendu un analyste technique pur dire le contraire.

Dans le cas des investisseurs qui mélangent l'analyse fondamentale et l'analyse technique, ils ont tendance à donner la priorité à l'analyse fondamentale, et prennent également leurs décisions en partant du principe que l'analyse technique échoue. Il est clair que si ces investisseurs croyaient que l'analyse technique est infaillible, ils ne perdraient pas leur temps avec l'analyse fondamentale et n'utiliseraient que l'analyse technique.

Par conséquent, la question n'est pas (et n'a jamais été, et ne sera jamais) de savoir si l'analyse technique est infaillible ou non, car tout le monde s'accorde à dire **qu'elle n'est pas infaillible**.

La question est de savoir si l'utilisation de l'analyse technique vous aidera, en particulier, à améliorer vos résultats, par rapport aux décisions que vous prendriez sans analyse technique.

Et je pense que la réponse à cette question est clairement oui, tout le monde **améliorera ses résultats** (dans une plus ou moins grande mesure, en fonction de ses compétences et de son expérience) **en utilisant l'analyse technique**. En outre, les techniques sont simples à apprendre et à appliquer, de sorte que le coût en termes de temps et de dévouement est assez faible.

Dans ce livre, j'ai utilisé dans presque tous les cas des graphiques dans lesquels les figures se comportaient comme prévu pour des raisons didactiques. Bien sûr, pour toutes les figures de ce livre, vous trouverez des exemples où ces figures ont échoué, et où les prix n'ont pas évolué après la formation de la figure comme l'indique la théorie.

6.10 Est-ce une erreur d'ignorer les règles communément admises de l'analyse technique ?

Je veux dire, par exemple, utiliser 5, ou 32, comme paramètre RSI, au lieu des 14 que presque tout le monde utilise.

Eh bien, non, ce n'est pas une erreur, si cela vous donne de bons résultats. Autrement dit, si, bien que vous ayez lu dans ce livre et dans de nombreux autres que tout le monde utilise le RSI avec le paramètre 14, vous essayez le RSI avec le paramètre 72 et obtenez un meilleur résultat qu'avec le paramètre 14, alors vous devez utiliser le paramètre 72, même si vous ne l'avez lu dans aucun livre.

Je ne connais personne qui utilise des graphiques de 37 minutes (pour donner un chiffre), mais si quelqu'un les essaie et obtient de meilleurs résultats que les graphiques quotidiens, alors il est logique qu'il continue à utiliser ces graphiques de 37 minutes que personne d'autre n'utilise.

Il existe de nombreux autres exemples de ce type. Si vous évitez les conventions que tout le monde considère comme acquises, et que vous faites mieux que la majorité, n'hésitez pas à éviter ce que la majorité fait.

6.11 Les dispositifs stop-loss ne sont-ils pas utilisés ?

Tout au long de ce livre, je n'ai pas abordé l'utilisation des stop-loss, car **je pense que les investisseurs à long terme ne devraient pas les utiliser**. Au lieu de cela, ils devraient utiliser la diversification, à travers différentes entreprises et à différents moments lorsqu'ils font leurs achats.

Je trouve qu'il est extrêmement difficile de fixer correctement les seuils de perte. En fait, **je pense que c'est ce qui fait la différence entre les quelques personnes qui parviennent à vivre du commerce tout au long de leur vie et le reste des êtres humains.**

Les stop-loss sont censés limiter les pertes, mais je ne le vois pas de cette façon. Un stop-loss limite les pertes sur une transaction, mais il entraîne l'ouverture d'une nouvelle transaction peu de temps après, ce qui peut se traduire par une autre petite perte peu de temps après.

Et il n'est pas difficile d'entrer dans une spirale de petites pertes qui, en un laps de temps relativement court, peut conduire à une

perte très importante.

Les stop-loss sont non seulement difficiles à utiliser sur le plan intellectuel, mais ils **impliquent** également **une tension psychologique difficile à décrire avec des mots**. Très peu d'êtres humains sont prêts à accepter continuellement qu'ils ont fait une erreur (c'est précisément ce en quoi consiste un stop-loss, accepter que nous avons fait une erreur) et à poursuivre la même tâche sans baisse de performance (**intellectuellement et mentalement**).

À mon avis, la plupart des gens feront bien pire en utilisant des stop-loss que de ne pas en utiliser. La diversification est un outil utile, à la disposition de tout investisseur.

6.12 Faut-il acheter à des maximums historiques ?

Un investisseur à moyen et, surtout, à long terme doit acheter le moins cher possible. De préférence lorsque presque personne ne veut acheter, ce qui entraîne une chute brutale du cours des actions. Car plus vous achetez à bas prix, plus le rendement futur est élevé.

Dans cette optique, il semble logique de ne pas acheter à des maximums historiques. Mais nous devons faire la distinction entre deux situations différentes. L'une consiste à acheter juste en dessous des sommets historiques, et l'autre consiste à acheter une fois que les sommets historiques précédents ont été cassés avec une certaine clarté.

Reprenons le graphique de Coca Cola que nous avons vu lorsque nous avons parlé de la résistance :

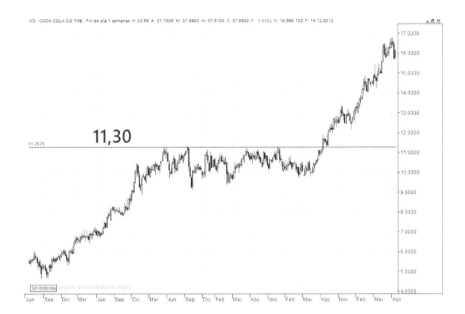

Dans ce graphique, nous voyons que Coca Cola a atteint un sommet historique d'environ 11,30 dollars à la mi-1992. Au cours des deux années suivantes, il s'est approché à plusieurs reprises de ces maximums historiques, mais n'a pas réussi à les franchir et est retombé. À toutes ces occasions, et sachant ce qui s'est passé par la suite, il aurait été préférable de ne pas acheter près de ces maximums.

Mais au milieu et à la fin de l'année 1994, il a finalement dépassé ces sommets historiques de 11,30 dollars et a entamé une hausse très importante (qui, dans ce cas particulier, l'a mené jusqu'à 35 dollars, bien que ces données ne soient pas importantes pour établir des schémas d'action généraux).

Il est très difficile de savoir quand une société va franchir les sommets historiques précédents, et quand elle va les toucher puis retomber. Dans ce cas, nous savons déjà quand Coca Cola a dépassé ces sommets historiques, et quand il a essayé mais a échoué. Mais à l'époque, **alors qu'il était vraiment utile de le savoir, personne ne l'a** fait.

Dans ce graphique de Coca Cola, les sommets historiques précédents sont touchés à plusieurs reprises, et sur une longue période de temps, avant d'être cassés. Mais ce n'est pas toujours le cas.

En général, nous avons vu qu'il ne faut pas acheter juste en dessous de la résistance, car dans ces situations, les chances sont contre nous.

Et le précédent sommet historique est l'une des plus importantes résistances qui existent. **Je pense** donc **que la chose la plus prudente à faire n'est pas d'acheter juste en dessous des sommets historiques**, bien qu'à un moment donné, ces sommets historiques seront cassés, et il faudra acheter au-dessus. Mais en matière de probabilités, le plus prudent à faire, et celle qui donne généralement les meilleurs résultats globaux, n'est pas d'acheter juste en dessous des précédents sommets historiques.

Une fois que les **sommets historiques sont clairement cassés, je pense que nous devons examiner la situation de près**, car il est fort probable qu'une nouvelle phase très importante commence. **Tous les "grandes hausses" que les investisseurs à long terme recherchent, car ce sont ceux qui changent vraiment leur vie, sont initiés par la rupture du sommet historique précédent.** Si les entreprises de qualité ne dépassaient jamais leurs précédents sommets historiques, et les laissaient loin derrière, elles ne seraient pas de bons investissements à long terme, et ne vaudraient pas la peine d'être investies en Bourse à long terme.

Normalement, les sommets historiques sont franchis lorsqu'un changement profond des fondamentaux de l'entreprise (ou de l'économie générale, dans le cas des indices boursiers) **commence à se produire.** Et, dans ces situations, les **entreprises ne semblent généralement pas "très bon marché"**, mais à leur "juste" prix, voire "un peu chères". Le changement profond qui est en train de se produire fera que dans quelques mois, ou quelques années, les prix actuels seront effectivement considérés comme "très bon marché".

C'est pourquoi une rupture nette des sommets historiques est un point très important pour les investisseurs à long terme, et non une situation à "oublier jusqu'à ce qu'elle retombe", comme cela pourrait sembler au début. À ce stade, les fondamentaux de l'entreprise et ses perspectives doivent être bien examinés, comme toujours. Mais n'oubliez pas que cela pourrait être le début d'un mouvement très important pour les prochaines années. Il ne faut pas se précipiter pour acheter, mais il ne faut pas non plus attendre indéfiniment de fortes baisses, car il n'y en aura peut-être pas (du moins pas avant que le cours de l'action ne soit beaucoup plus élevé).

Et qu'est-ce qu'une rupture "nette" des sommets historiques ?

Comme toujours, ou presque toujours, il n'y a pas de réponse exacte.

Le fait de dépasser les sommets historiques précédents de 5 % ou moins peut encore constituer une fausse rupture pour redescendre.

Si les sommets historiques précédents sont dépassés d'environ 10%, alors (en principe et selon la situation générale) nous devrions déjà considérer cela comme une rupture "claire".

6.13 Comment pratiquer l'analyse technique et les chandeliers ?

La meilleure façon d'acquérir de l'expérience avec ces outils est de s'exercer, sur des actifs dans lesquels vous allez investir et aussi sur des actifs dans lesquels vous ne prévoyez pas d'investir.

C'est difficile à formuler, car dans ma façon d'appréhender le marché boursier, il est très important d'utiliser conjointement l'analyse fondamentale et l'analyse technique. Et décrire la situation fondamentale et l'environnement macroéconomique d'un moment du passé dans le présent est très compliqué, pratiquement impossible. Entre autres choses, parce que nous savons déjà ce qui s'est passé.

Si nous disons qu'il y a X ans, l'entreprise Y semblait "bon marché", "très bon marché", etc., il est presque impossible de "se mettre dans cette situation", car il est inévitable que la note ("bon marché", "cher", etc.) que nous donnerions à l'entreprise soit influencée par le comportement de son cours de Bourse à partir de ce moment, que nous connaissons déjà (mais que nous ne devrions pas connaître si nous voulons vraiment que l'exercice soit utile et valable).

C'est pourquoi je pense que la meilleure chose à faire est de pratiquer, et de le faire dans le présent. C'est-à-dire analyser les entreprises aujourd'hui et faire des prévisions sur ce que nous pensons que l'entreprise va faire à partir d'aujourd'hui.

Il pourrait être utile pour quelqu'un de prendre un graphique, d'aller à n'importe quel moment dans le passé, de faire une analyse et de voir immédiatement ce qui s'est passé. Ce serait un moyen très rapide de "voir la solution" et de faire plus d'exercices en moins de temps. Mais je pense que la tentation de regarder "un peu plus loin à droite du graphique", ou de se rappeler où cette société se négocie aujourd'hui, est inévitable. C'est pourquoi je pense qu'**en analysant les graphiques du passé, on risque de tomber dans des vices et de faire une analyse moins rigoureuse**.

Je pense qu'il est bien mieux d'analyser la situation actuelle, car c'est la réalité, et c'est ce qui nous donnera une expérience utile et réelle.

Vous savez déjà que vous pouvez poser toutes les questions que vous voulez dans le forum de mon site web (Invertirenbolsa.info), ainsi que télécharger votre analyse technique afin que d'autres investisseurs, ou moi-même, puissions vous aider de toutes les manières possibles.

J'espère que ce livre vous a permis d'apprendre à utiliser ces outils simples, qui, je le crois, vous aideront à mieux investir, à gagner plus d'argent et à avoir plus de temps libre.

Annexe 1. Figures de l'analyse graphique

Représentation	Figure	Description
	Drapeau	Une figure de continuation, qui se forme dans la direction opposée à la tendance principale (c'est-à-dire à la baisse si la tendance est à la hausse, et à la hausse si la tendance est à la baisse).
	Canal de tendance	Deux lignes parallèles enfermant le mouvement des prix, joignant les bas et les hauts d'un mouvement à la hausse ou à la baisse.
	Biseau	Similaire au drapeau, mais avec les lignes convergentes au lieu d'être parallèles.

	Diamant ou losange	Une figure de retournement haussière ou baissière qui apparaît très rarement, bien que lorsqu'elle apparaît, elle marque généralement des sommets ou des creux importants.
	Double et triple bottom	Figure de retournement haussier, formée par 2 (double) ou 3 (triple) creux de profondeur similaire (pas forcément identiques).
	Double et triple top	Figure de retournement baissier, formée par 2 (double) ou 3 (triple) sommets de hauteur similaire (pas forcément identiques)
	Fanion	Figures de continuité d'une importance relativement mineure.

	Épaule-Tête-Épaule (ETE)	Une figure de retournement baissière qui apparaît à la fin des grandes tendances haussières. À ne pas confondre avec les nombreux mouvements latéraux qui y ressemblent.
	Épaule-Tête-Épaule inversée (ETEi)	Une figure de retournement haussière qui apparaît à la fin des grandes tendances baissières. À ne pas confondre avec les nombreux mouvements latéraux qui y ressemblent.
	Gap	Zone entre deux bougies ou barres consécutives dans laquelle aucune transaction ne se croise.
	Île	Barre ou ensemble de barres (ou bougies) qui est isolé par deux interstices de signe différent.

	Ligne de tendance	La ligne qui marque la direction du prix, rejoignant les bas (dans les tendances haussières) ou les hauts (dans les tendances baissières).
	Pullback	Retour des prix sur une ligne cassée
	Rectangle	Figure qui forme un mouvement latéral, et qui se développe entre un Support et une Résistance. Il peut s'agir d'une figure de renversement ou de continuation.
	Résistance	Zone dans laquelle une hausse est susceptible d'être arrêtée

	Retracements de Fibonacci	Supports et résistances basés sur le nombre d'or ou la divine proportion
	Support	Zone dans laquelle une chute est susceptible d'être arrêtée
	Creux arrondi	Figure de retournement haussier rare, qui se produit davantage dans les petites entreprises que dans les grandes.
	Sommet arrondi	Figure de renversement baissière inhabituelle, qui se produit davantage dans les petites entreprises que dans les grandes.
	Triangle	Figure qui peut être une figure de renversement ou de continuation. Plusieurs types: symétrique, haussier, baissier, etc.

Annexe 2. Figures des chandeliers japonais

Représentation	Figure	Description
	Le Marteau et le Pendu	S'il apparaît après une ascension, il est appelé Pendu, et s'il apparaît après une baisse, il est appelé Marteau. Le fait que le corps soit blanc ou noir ne fait aucune différence.
	Étoile filante et Marteau inversé	L'Étoile filante est l'inverse du Marteau. Et le Marteau inversé est l'inverse du Pendu. Cela ne fait aucune différence que le corps soit noir ou blanc.
	Pénétrante haussière	Une figure d'inversion haussière. C'est la version haussière du Nuage noir.

	Nuage noir	Un modèle de renversement baissier. Le Nuage noir est la version baissière de la Pénétrante.
	Avalement haussier	Un modèle de retournement haussier. C'est comme la Pénétrante, mais en "plus grand".
	Avalement baissier	Modèle de renversement baissier. C'est comme le Nuage noir, mais en plus "grand".
	Ligne de contre-attaque haussière	Un modèle de retournement haussier. La ligne de contre-attaque haussière est comme la Pénétrante, mais en plus "petit".
	Ligne de contre-attaque baissière	Modèle de renversement baissier. La ligne de contre-attaque baissière est comme le Nuage noir, mais en plus "petit".

	Doji	Une bougie sans corps qui indique généralement l'indécision.
	Doji dragon volant	Un Doji dragon volant est un cas particulier de Marteau ou de Pendu, où le corps est inexistant et où l'ouverture coïncide avec la fermeture.
	Doji pierre tombale	Un Doji pierre tombale est un cas particulier d'Étoile filante ou de Marteau inversé, dans lequel le corps est inexistant, et l'ouverture coïncide avec la fermeture.
	Doji porteur d'eau	C'est le Doji qui reflète le mieux l'indécision du marché, car les prix baissent beaucoup pour remonter, et remontent beaucoup pour redescendre, mais à la fin de la session, ils sont là où ils ont commencé.

	Étoile du matin	Figure de retournement haussier
	Étoile du soir	Figure de retournement baissier
	Creux en tour	Figure de retournement haussier.
	Sommet en tour	Figure de retournement baissier.
	Trois Montagnes	Similaire au triple top occidental

	Trois Rivières	Similaire au triple bottom occidental
	Harami haussier	Figure de retournement haussier.
	Harami baissier	Figure de retournement baissier.
	Trois corbeaux noirs	Figure de retournement baissier.
	Trois soldats blancs	Figure de retournement haussier.

	Fenêtres	Similaire aux gaps occidentaux
	Poêle à frire	Similaire au creux arrondi
	Sommet lourdaud	Similaire au sommet arrondi
	Triple formation haussière	Similaire au drapeau haussier occidental
	Triple formation baissière	Similaire au drapeau baissier occidental

Mes autres livres

Voici les livres que j'ai actuellement publiés, et l'ordre dans lequel je recommande de les lire.

Apprendre à investir :

1) "**Éducation financière avancée à partir de zéro (Apprenez à gérer votre argent pour transformer votre vie)**" : C'est la base sur laquelle tout le reste est construit. Vous avez besoin d'une éducation et d'une intelligence financières pour bien investir en Bourse, et pour avoir la vie que vous voulez avoir.

2) "**Comment investir en Bourse à long terme en partant de zéro (Obtenez la retraite que vous méritez grâce aux dividendes)**" : C'est ici que j'explique la stratégie d'investissement en Bourse que je propose, un investissement à long terme recherchant le rendement des dividendes.

3) "**Psychologie pour gagner de l'argent et la tranquillité d'esprit avec la Bourse (Mieux investir pour mieux vivre)**: En Bourse, heureusement, la psychologie est plus importante que la connaissance, et dans ce livre, j'explique comment acquérir la bonne façon de penser pour investir et vivre avec une tranquillité d'esprit et une stabilité émotionnelle. Il est essentiel de savoir se tenir à l'écart du bruit et de la surinformation afin d'avoir une vie détendue et de profiter réellement de son argent.

4) "**Analyse technique et chandeliers pour les investisseurs à moyen et long terme en partant de zéro (C'est beaucoup plus facile que vous ne le pensez)**" : L'analyse technique et les chandeliers sont des outils utiles pour améliorer nos performances, c'est-à-dire essentiellement pour gagner du temps, pour mieux vivre une plus

longue partie de notre vie.

Ces 3 autres livres peuvent ensuite être lus dans n'importe quel ordre, en fonction de ce que vous voulez approfondir en premier :

"**Comment analyser les comptes de résultats des entreprises pour investir en Bourse (Apprendre plus pour investir mieux)**" : Analyse fondamentale et investissement à moyen et long terme.

"**Options et contrats à terme à partir de zéro (C'est aussi beaucoup plus facile que vous ne le pensez)**" : Les options et les contrats à terme. Ce livre est complété par un livre d'exercices, pour pratiquer et assimiler ces sujets plus rapidement et plus solidement, intitulé "**Exercices d'options et de contrats à terme (325 questions avec leurs réponses expliquées)**". Utilisés à bon escient, les produits dérivés sont un autre moyen de gagner plus d'argent, ce qui, en fin de compte, permet de gagner du temps.

"**Faites de l'argent votre ami ! (Il vous accompagnera toute votre vie)**" est un livre d'éducation financière et boursière destiné aux adolescents, âgés de 12-13 ans à 16-17 ans environ. Il convient également aux adultes qui ont besoin d'une première étape très simple et rapide pour se décider à commencer à apprendre à gérer et à investir leur argent.

"**Papa, c'est quoi l'argent ? (Comment j'éduquerais financièrement mon enfant)**" est un guide destiné aux parents (et aux oncles, tantes, oncles, grands-parents, enseignants, etc.) pour expliquer à leurs enfants ce qu'est l'argent et comment investir, car avoir ces connaissances et cet état d'esprit dès l'enfance, c'est avoir une vie incomparablement meilleure que celle que la plupart des gens ont connue.

La politique :

"Créer sa propre association ou son propre parti politique (Il est possible de changer le Système)" : J'explique comment créer des partis politiques (et des associations) complètement différents de tous ceux que nous avons connus jusqu'à présent, pour vraiment améliorer les choses. Ce livre s'adresse aux personnes qui veulent changer le système actuel pour un meilleur système pour l'ensemble de la population, et non pas s'y intégrer pour vivre aux dépens du reste de la population.

Romans :

Le thème qui unit tous mes romans est la façon dont le pouvoir fonctionne dans le monde, et comment ces relations de pouvoir peuvent être changées pour que nous vivions dans un monde complètement différent, et bien meilleur.

"**Projet Sel (Pourrez-vous changer le monde ?)**"

Comment est-il possible que la plupart des richesses du monde aient été concentrées dans une très petite partie de la population tout au long de l'histoire ?

Comment quelques personnes ont-elles géré les relations de pouvoir dans le monde pour y parvenir ?

Est-il possible de changer tout cela, et donc de changer le monde dans lequel nous vivons, ou non ? Pourquoi les médias gardent-ils le silence sur ce que les gens dans la rue crient ?

Sonia est une informaticienne d'une trentaine d'années qui, après avoir changé plusieurs fois de travail, ne voit pas comment elle pourrait acheter un appartement et avoir la vie qu'elle espérait avoir le jour où elle est entrée à l'université. Tous ses collègues, amis, cousins, frères et sœurs, etc. ont le même problème. Pourquoi ? Est-il certain que la vie se résume à travailler pour survivre, ou pourrait-il s'agir de quelque chose de complètement différent ? Mais comment ?

20 familles façonnent l'histoire depuis des siècles à partir d'un château situé dans les Highlands écossais. Elles ont plus de pouvoir que n'importe qui d'autre. Mais elles n'ont pas tout le pouvoir. L'évolution de l'humanité les a amenées au moment le plus décisif et le plus compliqué pour leur tâche. Pour la première fois depuis des siècles, ces 20 familles commencent à avoir peur.

Pourrez-vous aider Sonia et tous ses amis à changer leurs plans, et ainsi changer le monde ?

"Fermes face au Pouvoir (Deux frères et un même destin)"

Javier et Gabriel sont frères. L'un fait partie du Groupe du patrimoine historique de l'UCO (Unité Centrale Opérationnelle de la Garde Civile), l'autre de la Brigade de blanchiment d'argent de l'UDEF (Unité de lutte contre la Délinquance Économique et Fiscale de la Police Nationale). Le 26 décembre, alors qu'ils participent à un grand rassemblement à la Puerta del Sol, Gabriel reçoit un message très important, dont le contenu doit rester top secret pendant un certain temps. Si ce message était révélé, il pourrait changer le cours de l'histoire. Quelques années auparavant, Xavier et ses collègues de l'UCO étaient sur une plage de Cadix pour une affaire de vol de patrimoine historique, tandis que Gabriel et ses collègues de l'UDEF enquêtaient sur une affaire de blanchiment d'argent dans un magasin de vêtements de la rue Serrano à Madrid. Ils ont rapidement trouvé les maillons les plus bas de la chaîne, mais ils étaient sûrs qu'il y avait quelqu'un de plus important au-dessus de ces maillons. Les deux affaires les ont amenés à parcourir l'Espagne, mais aussi Andorre, Genève et Gibraltar, car les choses sont devenues beaucoup plus compliquées qu'ils ne l'avaient prévu. À tel point que leurs vies ont fini par changer d'une manière qu'ils n'auraient même pas pu imaginer.

"Fermes face au Pouvoir" est un roman dans lequel les policiers et les gardes civils parlent et agissent comme de vrais policiers et gardes civils, et non comme ceux que l'on voit dans les films. Il appartient à ce que l'on pourrait appeler l'univers de "Projet Sel", bien que ses personnages et ses intrigues soient différents, et il n'est pas nécessaire de lire "Projet Sel" au préalable pour comprendre "Fermes face au Pouvoir". Si vous avez aimé "Projet Sel", je pense que vous aimerez aussi "Fermes face au Pouvoir".

Des livres pour apprendre les langues :

Outre la Bourse et les investissements, j'aime aussi apprendre les langues.

Avec "Apprendre des langues avec des histoires courtes sur l'argent", vous pouvez apprendre l'espagnol, l'anglais, l'allemand, le français, l'italien, le portugais, le néerlandais, le suédois, le danois, le finnois, le polonais et le norvégien. J'espère pouvoir ajouter d'autres langues à l'avenir.

À l'avenir, je publierai d'autres livres que vous pourrez trouver sur Amazon et Invertirenbolsa.info. Il est même possible qu'au moment où vous lisez ce livre, j'aie déjà publié de nouveaux ouvrages. Vous pouvez donc les consulter rapidement sur Invertirenbolsa.info.

Prochains livres recommandés

"Comment analyser les comptes de résultats des entreprises pour investir en Bourse (En savoir plus pour mieux investir)"

"Comment analyser les comptes de résultats des entreprises pour investir en Bourse" peut être considéré comme la suite de "Comment investir en Bourse à long terme en partant de zéro (Obtenez la retraite que vous méritez grâce aux dividendes)", pour ceux qui veulent approfondir l'analyse fondamentale. Dans "Comment investir en Bourse à long terme en partant de zéro", j'explique en détail la manière d'investir qui, à mon avis, convient le mieux à la grande majorité des gens : l'investissement à long terme à la recherche de rendements en dividendes, dans le but de vivre des revenus (dividendes) produits par le portefeuille que l'on a constitué au cours de sa vie. Vivre de ses revenus n'est pas quelque chose de "presque inaccessible", mais plutôt la situation naturelle et logique que chacun devrait atteindre après une vie de travail, et vers laquelle tend la société actuelle face à l'effondrement inévitable des systèmes publics de retraite.

Mais il n'est pas nécessaire d'avoir lu "Comment investir en Bourse à long terme en partant de zéro" pour lire "Comment analyser les comptes de résultats des entreprises pour investir en Bourse". Pour comprendre "Comment analyser les comptes de résultats des entreprises pour investir en Bourse", il suffit de connaître quelques notions de base, comme ce qu'est un dividende, un bénéfice par action, une augmentation de capital, etc. (toutes ces notions, et bien d'autres encore, se trouvent dans "Comment investir en Bourse à long terme en partant de zéro").

Dans "Comment analyser les comptes de résultats des entreprises pour investir en Bourse", je développe de nombreux sujets liés à l'analyse fondamentale, à l'investissement à long terme, à d'autres stratégies à moyen terme (entreprises cycliques, petites entreprises de faible qualité, entreprises de croissance, microcaps, investissement dans la valeur, etc.), aux meilleures façons de gérer l'argent (tant dans les stratégies à long terme qu'à moyen terme), à l'investissement sur les marchés boursiers étrangers (tant à long terme qu'à moyen terme), aux cas dans lesquels les ETF et les fonds communs de placement sont, à mon avis, plus recommandables que les actions, etc.

Au début du livre, j'explique en détail, ligne par ligne, les comptes de résultats, les bilans et les tableaux de flux de trésorerie des entreprises américaines et européennes, et comment interpréter ces informations.

Tous les sujets que vous trouverez dans ce livre sont étroitement liés les uns aux autres, car les questions d'analyse fondamentale que nous allons voir ont une forte influence sur la manière d'aborder la stratégie à long terme et les stratégies à moyen terme que je vais vous expliquer. Tous ces éléments ont beaucoup à voir avec les stratégies de gestion financière que nous allons examiner. L'approche macroéconomique influence tout ce qui précède. Et ainsi de suite. J'espère que ce livre vous aidera à mieux investir, avec plus de sécurité et de connaissances. Et à optimiser votre temps, ce qui est également très important, puisqu'il s'agit d'investir pour vivre, et non de vivre pour investir.

"Options et contrats à terme à partir de zéro (c'est aussi beaucoup plus facile que vous ne le pensez)"

Les produits dérivés ne sont pas dangereux en soi. Ils peuvent être utilisés par des personnes dangereuses, mais ce sont des instruments très utiles pour la grande majorité des gens.

Avec les options et les contrats à terme, vous pouvez réduire le risque de vos investissements, payer moins d'impôts, acheter des actions en dessous du prix auquel elles se négocient et les vendre au-dessus du prix auquel elles se négocient, gagner de l'argent sur un krach sans vendre vos actions (tout en continuant à percevoir des dividendes), et ainsi de suite. Et tout cela en restant prudent et en prenant moins de risques que les investisseurs qui n'utilisent pas les options et les contrats à terme. Comme l'analyse technique et les chandeliers, les options et les contrats à terme sont un autre moyen de gagner plus d'argent, et surtout plus de temps.

Le fonctionnement des options et des contrats à terme est très facile à comprendre pour quiconque connaît les bases du fonctionnement des actions.

Un jour, la plupart des investisseurs utiliseront régulièrement les options et les contrats à terme. D'ici là, ceux qui les utilisent auront un avantage sur les autres.

Merci beaucoup

Printed in France by Amazon
Brétigny-sur-Orge, FR

21191081R00188